筆界特定事例集 ③

大阪法務局不動産登記部門
地図整備・筆界特定室●編著

日本加除出版株式会社

はしがき

　筆界特定制度は，平成18年1月20日の運用開始から11年が経過しましたが，この間，筆界特定手続の申請件数は高水準で推移しているなど，本制度が国民にとって，利便性があり，信頼すべきものとして広く認知され，定着していることがうかがえます。

　この信頼を得ている理由の一つに「処理の迅速化」ということが関係しているものと思われます。

　筆界特定手続については，筆界特定の申請がされてから筆界特定登記官が筆界を特定するまでに通常要すべき標準的な期間（標準処理期間，不動産登記法第130条参照）を公示して早期解決を目指してきました。しかし，近年，事案の複雑な事件の増加もあって，標準処理期間内に処理を完了することができない，いわゆる長期未済事件が散見されています。

　このような処理状況が続くことは，本制度に対する国民の期待と信頼を失う結果にもつながることとなり，ひいては，制度の根幹に関わる問題に発展することも懸念されます。

　ところで，長期未済事件が発生する原因の一つとして，筆界特定書が長文化し，その作成に長時間を要しているという事情がありました。

　このことから，平成25年度から長期未済事件を解消するため，「筆界特定書のコンパクト化」に取り組んできたところです。

　筆界特定登記官は，不動産登記法第143条に規定されている総合的に考慮すべき全ての事情（登記記録，地図又は地図に準ずる図面及び登記簿の附属書類の内容，対象土地及び関係土地の地形，地目，面積及び形状並びに工作物，囲障又は境界標の有無その他の状況及びこれらの設置の経緯その他の事情）について，自らの判断結果を全て筆界特定書に記載する必要がありますが，長文化を避けつつ，要を得たものとするためには，思い切った方針の転換が必要だろうということになり，結果として，筆界特定登記官が作成する理由の要旨には，原則として，結論（特定した筆界）の根拠とした主要な事情だけを，また，申請者が筆界特定登記官の判断した筆界の正当性を示す事実を理解できる程度に簡潔に記載することとしました。

　この「筆界特定書のコンパクト化」に基づいた筆界特定書が『筆界特定事例集』の第3巻として刊行されることとなりましたが，本制度に関係される方々の

参考となることと、今後も本制度が国民の信頼に応えより発展していくために、本書が参考になることを期待します。

　平成29年8月

　　　　　　　　大阪法務局不動産登記部門地図整備・筆界特定室

目　次

はしがき ……………………………………………………………………………… i

第1編
原始筆界

事例1　地租改正事業により創設された原始筆界について，申請人が提出した測量成果を，点検を経て採用し，作成した検討図，地図に準ずる図面，地積測量図，官民境界明示図，現地の状況等を総合的に判断して特定した事例 …………………………………………… 1
　　第1　前提事実 ……………………………………………………………… 2
　　第2　申請人の主張 ………………………………………………………… 3
　　第3　対象土地について …………………………………………………… 3
　　　1　対象土地周辺の現況について ……………………………………… 3
　　　2　対象土地の分合筆等の経緯について ……………………………… 4
　　第4　本件筆界の検討及び判断 …………………………………………… 4
　　　1　対象土地周辺の筆界等を示す資料について ……………………… 4
　　　2　本件筆界の復元 ……………………………………………………… 5
　　第5　結　語 ………………………………………………………………… 7

事例2　地租改正事業により創設された原始筆界について，地図に準ずる図面，市道路明示図，現地に設置された境界標識の状況等を総合的に判断して特定した事例 …………………………………………… 10
　　第1　前提事実 ……………………………………………………………… 11
　　第2　申請人の主張 ………………………………………………………… 12
　　第3　本件筆界の検討 ……………………………………………………… 12
　　　1　対象土地周辺の現況 ………………………………………………… 12
　　　2　対象土地周辺の筆界を示す資料等 ………………………………… 12
　　　3　本件筆界の復元 ……………………………………………………… 14

4　本件筆界の特定……………………………………………………15
　第4　結　語……………………………………………………………………15

事例3　地租改正事業により創設された原始筆界について，申請人が提出した測量成果を，検査を経て採用し，作成した検討図，現況構造物，官民境界明示，空中写真等を総合的に判断して特定した事例……………………………………………………………………………17
　第1　前提事実…………………………………………………………………18
　第2　申請人の主張……………………………………………………………19
　第3　現地調査及び資料について……………………………………………19
　　　1　地図に準ずる図面の状況………………………………………………19
　　　2　分合筆等の経緯及び地積測量図等の保管状況………………………19
　　　3　対象土地の現況…………………………………………………………20
　　　4　甲土地の本件筆界以外の筆界について………………………………20
　第4　本件筆界の検討及び判断………………………………………………21
　　　1　資料の検討………………………………………………………………21
　　　2　本件筆界の復元…………………………………………………………23
　第5　結　語……………………………………………………………………24

事例4　地租改正事業により創設された原始筆界について，申請人が提供した測量成果を，検査を経て採用し，作成した検討図，和紙公図，地積測量図，市保管資料及び筆界確認書等の資料に基づき，対象土地が分筆される前の土地の筆界の位置を検証した上で，現地の占有状況等を考慮して特定した事例……………………………………27
　第1　前提事実…………………………………………………………………28
　第2　申請人の主張……………………………………………………………29
　第3　対象土地等………………………………………………………………29
　　　1　対象土地周辺の現況について…………………………………………29
　　　2　対象土地周辺の分合筆等の経緯について……………………………30
　第4　本件筆界の検討…………………………………………………………30
　　　1　対象土地周辺の筆界等を示す資料……………………………………30
　　　2　本件筆界の検証…………………………………………………………32

第5　結　語···33

事例5　地租改正事業により創設された原始筆界について，申請人が提出した測量成果を，点検を経て採用し，作成した検討図，和紙公図，空中写真，筆界確認書及び現況構造物の状況等を総合的に判断して特定した事例···37
　　　第1　前提事実···39
　　　第2　申請人の主張··39
　　　第3　対象土地について··40
　　　　1　対象土地付近の現況について·····································40
　　　　2　本件筆界以外の筆界の状況について·····························40
　　　　3　対象土地及び関係土地の分合筆等の経緯について·········41
　　　第4　本件全筆界の検討··41
　　　　1　対象土地周辺の筆界等を示す資料について···················41
　　　　2　本件全筆界の復元··43
　　　　3　本件全筆界の特定··45
　　　第5　結　語···45

事例6　地租改正事業により創設された原始筆界について，検査をした上で採用した申請人主張図面に水路敷確定図を重ね合わせて作成した検討図，水路敷確定図，市有地境界明示図，構造物の現況等を総合的に判断して特定した事例·······························48
　　　第1　前提事実···49
　　　第2　申請人の主張··50
　　　第3　対象土地周辺の分筆等の経緯及び現況·························50
　　　　1　対象土地周辺の現況について·····································50
　　　　2　分筆等の経緯について···51
　　　第4　本件筆界の検討及び判断··51
　　　　1　本件筆界を示す資料··51
　　　　2　本件筆界の検討···53
　　　　3　本件筆界の特定···55
　　　第5　結　語···55

事例7 分筆により創設された筆界及び地租改正事業により創設された原始筆界について，申請人が提出した測量成果を，検査を経て採用し，作成した検討図と，分筆申告図，地積測量図，市保管資料，現地建造物及び境界標識の設置位置等を総合的に考慮して特定した事例……59
 第1 前提事実……61
 第2 申請人の意見……61
 第3 現地の状況及び分筆等の経緯……61
  1 対象土地周辺の現況について……61
  2 対象土地の分筆等の経緯について……62
 第4 本件全筆界の検討及び判断……63
  1 対象土地付近の筆界等を示す資料及び構造物の検討……63
  2 本件全筆界に対する判断……64
  3 本件筆界の特定……66
 第5 結語……66

事例8 地租改正事業により創設された原始筆界について，申請人が提出した測量成果を，点検を経て採用し，作成した検討図，地図に準ずる図面及び分筆申告図等の資料を検討するとともに，里道の幅員及び現況構造物の設置状況等を考慮して特定した事例……69
 第1 前提事実……70
 第2 申請人らの主張……72
 第3 対象土地及びその周辺土地の現況について……72
 第4 本件全筆界の検討及び判断……73
  1 対象土地周辺の筆界等を示す資料について……73
  2 本件全筆界の検討……76
  3 本件全筆界の特定……77
 第5 結語……77

第2編

分筆筆界

事例9 分筆により創設された筆界について，申請人が提出した測量成果を，点検を経て採用し，作成した検討図，地積測量図及び現地の占有状況等を総合的に判断して特定した事例 …………………… 81

 第1 前提事実 …………………………………………………… 82
 第2 申請人の主張 ……………………………………………… 83
 第3 対象土地等 ………………………………………………… 83
  1 対象土地付近の状況について ……………………………… 83
  2 対象土地周辺の分合筆等の経緯について ………………… 84
  3 本件筆界創設の経緯等について …………………………… 84
 第4 本件筆界の検討 …………………………………………… 84
  1 対象土地周辺の筆界等を示す資料 ………………………… 84
  2 本件筆界の復元 …………………………………………… 85
  3 本件筆界の特定 …………………………………………… 86
 第5 結　語 ……………………………………………………… 86

事例10 分筆により創設された筆界について，申請人が提出した測量成果を，点検を経て採用し，作成した検討図，地積測量図及び現地の境界標の設置状況等を総合的に判断して特定した事例 …………… 89

 第1 前提事実 …………………………………………………… 90
 第2 申請人の主張 ……………………………………………… 91
 第3 対象土地周辺の分筆等の経緯及び現況 ………………… 91
  1 対象土地周辺の現況について ……………………………… 91
  2 分筆等の経緯について …………………………………… 91
 第4 本件筆界の検討及び判断 ………………………………… 92
  1 本件筆界を示す資料 ……………………………………… 92
  2 本件街区の検証 …………………………………………… 93
  3 本件筆界の復元 …………………………………………… 93
  4 面積による検証 …………………………………………… 94
  5 本件筆界の特定 …………………………………………… 95

第5　結　語……………………………………………………………95

事例11　分筆により創設された筆界について，申請人が提出した測量成果を，点検を経て採用し，作成した検討図，地図に準ずる図面，地積測量図，官民境界確定図，筆界確認書，境界標識及び現地構造物の設置状況等を総合的に考慮して特定した事例……………99
　　　第1　前提事実…………………………………………………………100
　　　第2　申請人の意見……………………………………………………101
　　　第3　現地の状況及び分筆等の経緯…………………………………101
　　　　1　対象土地周辺の現況及び構造物について………………………101
　　　　2　分筆等の経緯及び地積測量図の備付け状況……………………101
　　　第4　本件筆界の検討及び判断………………………………………102
　　　　1　対象土地付近の筆界を示す資料の検討…………………………102
　　　　2　本件筆界に対する判断……………………………………………104
　　　　3　本件筆界の特定……………………………………………………106
　　　第5　結　語……………………………………………………………106

事例12　分筆により創設された筆界について，申請人が提出した測量成果を基に作成した検討図，地図に準ずる図面，地積測量図，官民境界確定図，筆界確認書，境界標識及び現地構造物の設置状況等を総合的に考慮して特定した事例……………………………110
　　　第1　前提事実…………………………………………………………112
　　　第2　申請人らの意見…………………………………………………112
　　　第3　本件全筆界の検討及び判断……………………………………113
　　　　1　現地の状況及び本件全筆界に関する資料の検討………………113
　　　　2　本件全筆界に対する判断…………………………………………115
　　　　3　本件全筆界の特定…………………………………………………118
　　　第4　結　語……………………………………………………………118

事例13 分筆により創設された筆界について，申請人が提出した測量成果を，点検を経て採用し，作成した検討図，換地処分により作成された確定図，分筆申告図及び地積測量図等を検証・復元した上で，特定した事例 …………………………………………………………… 122
 第1 前提事実 ……………………………………………………… 123
 第2 申請人の主張 …………………………………………………… 124
 第3 対象土地等 ……………………………………………………… 124
  1 対象土地周辺の現況 ………………………………………… 124
  2 分筆等の経緯について ……………………………………… 124
  3 対象土地周辺の筆界を示す資料 …………………………… 125
 第4 本件筆界の検討 ………………………………………………… 125
  1 本件街区の検討 ……………………………………………… 126
  2 本件筆界の復元 ……………………………………………… 126
  3 面積による検証 ……………………………………………… 127
  4 本件筆界の特定 ……………………………………………… 128
 第5 結　語 …………………………………………………………… 128

事例14 分筆により創設された筆界について，申請人が提出した測量成果を，検査を経て採用し，作成した検討図，区画を分譲した際の丈量図，地図に準ずる図面及び現地構造物の設置状況等を総合的に考慮して特定した事例 …………………………………………………… 134
 第1 前提事実 ……………………………………………………… 136
 第2 申請人らの意見 ………………………………………………… 136
 第3 対象土地及びその周辺土地の分筆等の経緯，現地の状況等 …………………………………………………………………… 136
  1 現地の状況について ………………………………………… 136
  2 対象土地周辺の分筆等の経緯について …………………… 137
 第4 本件筆界の検討及び判断 ……………………………………… 138
  1 対象土地周辺の筆界等を示す資料について ……………… 138
  2 本件筆界に対する判断 ……………………………………… 139
  3 本件筆界の特定 ……………………………………………… 141
 第5 結　語 …………………………………………………………… 141

事例15 分筆により創設された筆界について，申請人が提出した測量成果を，点検を経て採用し，作成した検討図，地図に準ずる図面，分筆申告図，地積測量図，道路位置指定図，現地構造物，境界標識及び私道の設置位置等を総合的に考慮して特定した事例 …………145
 第1 前提事実……………………………………………………146
 第2 申請人の主張………………………………………………147
 第3 対象土地等…………………………………………………147
  1 対象土地周辺の現況について……………………………147
  2 対象土地周辺の分筆等の経緯について…………………148
 第4 本件筆界の検討及び判断…………………………………149
  1 対象土地周辺の筆界を示す資料…………………………149
  2 本件全筆界の検討及び判断………………………………150
  3 本件全筆界の特定…………………………………………152
 第5 結　語………………………………………………………152

事例16 分筆により創設された筆界について，申請人が提出した測量成果を，点検を経て採用し，作成した検討図，地図に準ずる図面，分筆申告図，地積測量図，筆界確認書，現地構造物の設置状況及び各土地の占有状況等を考慮して特定した事例 ……………………155
 第1 前提事実……………………………………………………156
 第2 申請人の主張………………………………………………156
 第3 対象土地について…………………………………………157
  1 対象土地付近の現況について……………………………157
  2 対象土地の分合筆等の経緯について……………………157
 第4 本件全筆界の検討…………………………………………158
  1 対象土地周辺の筆界等を示す資料について……………158
  2 甲土地に係る本件筆界以外の筆界について……………159
  3 本件測量図の復元の検討…………………………………159
  4 本件筆界の特定……………………………………………161
 第5 結　語………………………………………………………161

事例17 分筆により創設された筆界について，申請人が提出した測量成果を，点検を経て採用し，作成した検討図，地図に準ずる図面，分筆申告図，地積測量図，既設境界標識及び現地構造物の設置状況等を総合的に考慮して特定した事例 ……………………… 164

 第1 前提事実 ……………………………………………………… 165
 第2 申請人の主張 ………………………………………………… 166
 第3 対象土地について …………………………………………… 166
  1 対象土地付近の現況について …………………………… 166
  2 対象土地の分合筆等の経緯について …………………… 167
  3 本件筆界の創設の経緯等について ……………………… 167
 第4 本件筆界の検討及び判断 …………………………………… 168
  1 対象土地周辺の筆界等を示す資料について …………… 168
  2 本件筆界の復元について ………………………………… 168
  3 本件筆界の特定 …………………………………………… 170
 第5 結 語 ………………………………………………………… 170

事例18 分筆により創設された筆界について，申請人が提出した測量成果を，点検を経て採用し，作成した検討図，地図に準ずる図面，地積測量図，境界点成果，筆界確認書，境界標識及び現地構造物の設置状況等を総合的に考慮して特定した事例 …………………… 173

 第1 事案の概要 …………………………………………………… 175
 第2 申請人の意見 ………………………………………………… 175
 第3 対象土地周辺の状況及び関係資料等の検討 ……………… 176
  1 対象土地周辺の状況 ……………………………………… 176
  2 対象土地の分筆の経緯について ………………………… 177
  3 本件全筆界の創設について ……………………………… 177
  4 対象土地周辺の筆界等を示す資料 ……………………… 177
 第4 本件全筆界に対する判断 …………………………………… 179
  1 本件筆界2の復元について ……………………………… 179
  2 本件筆界1の復元について ……………………………… 180
  3 本件全筆界の特定について ……………………………… 180
 第5 結 語 ………………………………………………………… 181

事例19 分筆により創設された筆界について，申請人が提出した測量成果を，点検を経て採用し，作成した検討図，地図に準ずる図面，分筆申告図，道路境界明示図等を総合的に判断して特定した事例……………184

 第1 前提事実……………185
 第2 申請人の主張……………186
 第3 現況及び関係資料について……………186
  1 対象土地周辺の状況……………186
  2 地図に準ずる図面……………187
  3 分筆申告図及び地積測量図……………187
  4 道路明示図（○○市保管）……………189
 第4 本件筆界の検討……………189
  1 既設境界標について……………190
  2 甲土地及び関係土地2と乙土地との筆界の復元……………190
  3 本件筆界の特定……………191
 第5 結　語……………192

第3編

換地処分

事例20 土地区画整理法による換地処分により創設された筆界について，区画整理に際し作成された整理確定図の数値と認定道路区域線調査図の復元による実測成果との辺長差を按分する方法により復元した事例……………195

 第1 前提事実……………196
 第2 申請人の主張……………197
 第3 現地の状況及び検討資料……………197
  1 対象土地の状況……………197
  2 対象土地周辺の境界標識……………197
  3 対象土地周辺の筆界を示す資料……………197
 第4 本件筆界の検討及び判断……………198

1　本件街区の検証……………………………………………………198
　　　2　本件筆界の復元について…………………………………………198
　　　3　面積による検証……………………………………………………200
　　　4　本件筆界の特定……………………………………………………200
　　第5　結　語………………………………………………………………200

事例21　土地区画整理法による換地処分により創設された筆界について，認定道路区域線調査図の道路区域線を基線として作成した検討図，現況構造物と地図に準ずる図面，地積測量図，市保管資料との整合性等を考慮して特定した事例……………………………………203
　　第1　前提事実……………………………………………………………204
　　第2　申請人の主張………………………………………………………205
　　第3　対象土地等…………………………………………………………205
　　　1　対象土地付近の現況………………………………………………205
　　　2　対象土地周辺の分筆等の経緯等…………………………………205
　　　3　甲土地の本件筆界以外の筆界……………………………………206
　　第4　本件筆界の検討……………………………………………………206
　　　1　対象土地周辺の筆界等を示す資料………………………………206
　　　2　本件街区の検証……………………………………………………207
　　　3　乙土地測量図の検証………………………………………………208
　　　4　本件筆界の特定……………………………………………………209
　　第5　結　語………………………………………………………………209

事例22　土地区画整理法による換地処分により創設された筆界について，換地処分に際し作成された整理確定図及び認定道路区域線調査図を比較して復元した換地処分時の街区を基に，整理確定図を検証して特定した事例……………………………………………………212
　　第1　前提事実……………………………………………………………213
　　第2　申請人の意見………………………………………………………214
　　第3　対象土地等…………………………………………………………214
　　　1　対象土地付近の状況について……………………………………214
　　　2　対象土地等の沿革及び分筆の経緯について……………………215

3	本件筆界形成の経緯について	215
4	対象土地周辺の筆界を示す資料	215
第4	本件筆界の検討及び判断	216
1	本件街区の検証	216
2	本件筆界の復元	216
3	本件筆界の特定	217
第5	結　語	217

※　本書中に収録されている事例は，実際の筆界特定の事例を元にしていますが，プライバシー保護のため内容を変更し，図面についても一部省略・変更をしております。

第1編

原始筆界

事例1

地租改正事業により創設された原始筆界について，申請人が提出した測量成果を，点検を経て採用し，作成した検討図，地図に準ずる図面，地積測量図，官民境界明示図，現地の状況等を総合的に判断して特定した事例

　本件は，申請人が，対象土地Aと対象土地Bとの筆界（以下「本件筆界」という。）を確認する必要があったところ，対象土地Bの所有権登記名義人の相続人らの同意が得られず，筆界確認書を締結するに至らなかったことから，本件筆界の特定を求めて申請された事案である。

　本件筆界は，地租改正事業により創設された，いわゆる原始筆界であることから，申請人が提出した測量成果を，点検を経て採用し，作成した検討図を用いた上で，地図に準ずる図面，地積測量図，対象土地及び関係土地に隣接する水路及び里道との境界を明示した昭和60年及び平成15年の官民境界明示図，現地の状況等を総合的に判断して特定することとした。

　そして，対象土地間には，経年による変化が認められるものの，申請人が，対象土地A上に建物を建築した際に設置した間知ブロックによる擁壁があるところ，当該建物の新築年月日からすると，本件筆界付近は，当該擁壁が設置されて約40年以上安定した占有状況にあり，また，当該擁壁南側の形状は，地図に準ずる図面，地積測量図及び昭和60年の官民境界明示図に描画されている筆界の線形とも矛盾なく整合しているとして，本件筆界を特定したものである。

筆 界 特 定 書

手 続 番 号　　平成○○年第○○号
対 象 土 地　　甲　○○市○○三丁目1682番1
　　　　　　　　　　（以下「甲土地」という。）
　　　　　　　乙　○○市○○三丁目1684番
　　　　　　　　　　（以下「乙土地」という。）

○○市○○町140番14号
申　請　人　　○　○　○　○

申請人代理人　　土地家屋調査士　○　○　○　○

筆界調査委員　　○　○　○　○

調査補助職員　　○　○　○　○

上記各対象土地について，次のとおり筆界を特定する。

結　　論

　甲土地と乙土地との筆界は，別紙筆界特定図面のＨ１点とＨ２点とを直線で結んだ線上であると特定する。

理由の要旨

第１　前提事実

1　甲土地は，申請人が，平成21年○月○日，相続により所有権を取得し，平成22年○月○日，当該所有権の移転の登記を完了している。

2　乙土地は，訴外○○○○○が所有権登記名義人であるが，平成６年○月○日死亡し，その相続人は，○○○○○，○○○○○，○○○○，○○○及び○○○○（以下，相続人全員を併せて「乙土地相続人ら」という。）である。なお，訴外○○○○○の死亡に伴う相続登記は未了である。

3　甲土地の東側に隣接する○○市○○三丁目1682番２（以下「関係土地１」といい，同町名の土地については，地番のみ表示する。）は，○○○及び○○○○○が所有しているが，○○○の死亡に伴う相続登記は未了である。

4　乙土地の西側に隣接する里道（関係土地２。以下「本件里道」という。）は，○○市が管理している。

5　申請人は，甲土地と乙土地との筆界（以下「本件筆界」という。）を確認す

必要があるところ，乙土地相続人らの同意を得られず，筆界確認書を締結するに至らなかったことから，本件筆界の特定を求めたものである。

第2　申請人の主張

本件筆界は，申請人代理人が平成26年○月○日提出した仮求積図（以下「申請人主張図面」という。）のア点とイ点とを直線で結んだ線である。

その根拠は，以下のとおりである。

1　本件筆界付近には，申請人側が甲土地地上に家屋番号1682番1の建物（以下「甲地上建物」という。）を建築する際に設置した間知ブロックによる擁壁（以下「本件擁壁」という。）があり，本件筆界は，当該擁壁の裾付近と考えられ，申請人が主張する本件筆界の線形は，○○法務局○○支局（以下「管轄登記所」という。）に備え付けられた不動産登記法第14条第4項に規定する地図に準ずる図面（以下「本件公図」という。）のとおりである。

2　申請人主張図面中の242点は，昭和45年○月○日，1682番が同番1ないし同番5に分筆（以下，当該分筆に係る地積測量図を「本件測量図」という。）及び乙土地東側隣接地の昭和60年○月○日，1683番が同番1及び同番2に分筆された際の地積測量図（以下「1683番2測量図」という。）から現地に復元した。

3　平成25年○月○日，○○市建設課，地元区長，農業委員，水利委員，その他の隣接地所有者と確認された申請人主張図面中のウ点と上記242点とを直線で結ぶ線上に，ウ点から里道幅員である0.91mを確保した点が本件筆界の西端点のア点であり，関係土地1所有者と申請人が確認した筆界との交点が本件筆界の東端点のイ点である。

第3　対象土地について

1　対象土地周辺の現況について

(1)　甲土地は，工場，事務所及び倉庫の敷地として利用されているが，工場は操業しておらず，甲地上建物は空き家の状態である。

(2)　乙土地は，甲土地の南側に隣接する田で，甲土地より約1.5m低い位置にある。

なお，甲土地は，周辺土地よりも高地にあるため，甲土地の西側及び東

側隣接地1682番2との筆界付近にも，本件擁壁と同一の間知ブロックが一体的に構築されている。
(3) 乙土地と1683番2との筆界付近には，高さ約1mのコンクリート擁壁（以下「元1683番擁壁」という。）が南北方向に約40m直線状に構築され，その上部にはコンクリートブロック塀が施工されている。

2 対象土地の分合筆等の経緯について

対象土地周辺は，昭和45年○月○日，○○郡○○町大字○○から○○市大字○○に町名変更され，平成25年○月○日，○○市○○三丁目に変更されている。

本件筆界は地租改正時に創設された原始筆界である。なお，対象土地周辺の分合筆等の経緯は，以下のとおりである。
(1) 昭和45年○月○日，1682番が同番1ないし同番5に分筆（以下，当該分筆前の土地を「元1682番」という。）
(2) 昭和45年○月○日，1682番1（甲土地）につき，「田」から「宅地」に地目変更（昭和45年○月○日登記）
(3) 昭和60年○月○日，1683番が同番1及び同番2に分筆（当該分筆前の土地を「元1683番」という。）

管轄登記所には，上記(1)及び(3)の分筆の際に作成された地積測量図が備え付けられており，本件測量図には，甲土地の南側筆界が本件公図と同様に直線で描画され，辺長が表記されている。

第4 本件筆界の検討及び判断

1 対象土地周辺の筆界等を示す資料について
(1) 地図に準ずる図面

管轄登記所には，本件公図及び本件公図の原図であり，和紙で作成された図面（以下，「和紙公図」といい，本件公図と併せて「公図」という。）が備え付けられ，公図における対象土地周辺の土地の位置，形状及び地番配列は現況とおおむね合致している。

なお，公図には，元1682番と乙土地及び元1683番との筆界は，直線で描画されている。

(2) 官民境界明示図
ア 元1683番と南側に隣接する水路及び里道との官民境界明示について，昭和60年○月○日付け○○○○第○-○○○○号（以下「昭和60年明示」という。），また，元1683番の南側対側地である1580番と里道に係る官民境界明示は，平成15年○月○日付け○○○○第○-○号が存在し，各官民境界明示に係る図面（以下，昭和60年明示に係る図面を「昭和60年明示図」という。）が○○市に保管されている。

イ 昭和60年明示図によると，元1683番の南側に隣接する水路及びその南側に位置する里道の幅員は各0.91ｍと表記され，筆界点（昭和60年明示図面上の3点，7点，2点及び16点）には「P杭」の表記があり，同図面上の3点と7点とを直線で結ぶ線で明示されている。

また，同明示図によると，乙土地の所有権登記名義人である○○○○○の署名押印があり，同明示図の2点と3点とを直線で結ぶ線を乙土地と元1683番との「地番境界」として表記されている。さらに，元1683番の北側筆界は，同明示図の16点と2点とを直線で結ぶ線で描画され，1683番2測量図の表記内容と矛盾しない。

(3) 地積測量図
ア 本件測量図上の元1682番の南側筆界は，1682番2，同番3及び同番4間の各筆界点で折れが認められるが，本件筆界の線形は，前記第4の1(1)のとおり，直線で描画されている。

イ 1683番2測量図上の元1683番の北側筆界は，公図に描画された線形のとおり直線で描画され，本件筆界は，元1683番北側筆界を西方向に延長した線で描画されている。

2 本件筆界の復元

本件筆界は，地租改正事業により創設された筆界（いわゆる原始筆界）であり，管轄登記所に備え付けられた公図のほか，地積測量図，官民境界明示図，現地状況等を総合的に判断して特定することとなる。

(1) 本件筆界は，元1682番と乙土地及び元1683番との筆界上にあって，公図上，直線で描画されている。

さらに，本件筆界は，1683番測量図上の1683番2北側筆界の延長線上に存すると認められることから，昭和60年明示図における3点（申請人主張図

面の241点）から，当該明示図及び1683番測量図に図示された2点（申請人主張図面の242点）を直線で結ぶ線を基線として別紙検討図（同図面は現況の実測成果に基づき作成した図面であり，以下，同図面に表記された点番を使用する。）を作成し，本件筆界の位置を検証する。

(2) 元1683番の南西角には，筆界点を示すプラスチック杭（241点）が設置されており，241点から北方向に元1683番擁壁の西面に沿って1683番測量図上の元1683番西側筆界（42.956m）を確保した点が242点である。さらに，241点と242点とを結ぶ線を基に，昭和60年明示図及び1683番測量図を検証した結果，元1683番は，242点，241点，K7点，K16点及び242点の各点を順次直線で結ぶ範囲で復元される。

また，申請人主張図面のア点とイ点とを直線で結ぶ線は，K16点と242点とを直線で結ぶ線を西方向に延長した線上にあることが認められ，公図及び本件測量図において，本件筆界が1683番2北側筆界を西方向に延長した線上に位置することともほぼ一致している。

(3) 対象土地間は，甲土地側が設置した経年による変化が認められる本件擁壁により区画されており，甲地上建物の表題部の登記事項「昭和47年○月○日新築」からすると，当該擁壁の設置されて約40年以上安定した占有状況にあり，当該擁壁南側の形状は，公図，本件測量図の線形，昭和60年明示図及び1683番測量図に描画された本件筆界とも矛盾なく整合している。

(4) 甲土地及び本件里道の西端点である207点（ウ点）の位置は，○○市建設課，地元区長，農業委員，水利委員，その他の隣接地所有者の認識が一致しており，その位置が本件擁壁の南西角に位置することを踏まえると，242点と207点（ウ点）を直線で結んだ線上に本件筆界が存在すると認めることが相当である。

(5) 本件測量図上，甲土地の南側筆界の辺長25.40mと，申請人が甲土地の南側筆界であると主張している207点（ウ点）と243点（イ点）とを直線で結ぶ線の実測距離25.53m（0.91＋24.62）との差は，不動産登記規則（平成17年2月18日法務省令18号）第10条第4項第1号（国土調査法施行令別表第四）の精度区分甲3の範囲内で合致し，本件分筆当時，甲土地及び乙土地の登記上の地目が田であることを考慮すると，申請人主張線は，相当位置にあることが認められる。

(6) 以上のとおり，検討図の242点と207点（ウ点）とを直線で結んだ線は，

対象土地付近の構造物等の位置関係，公図，昭和60年明示図及び地積測量図との比較に照らしても妥当な位置にあると判断できる。

本手続は，対象土地と関係土地との筆界を特定するものではなく，甲土地と本件里道との官民境界が未了であること，243点（イ点）については，関係土地1の所有者が甲土地との筆界を当該土地間に敷設された構造物の延長線との交点であると認識していることを踏まえると，本件筆界は，242点と207点（ウ点）とを直線で結んだ線上にあるとするのが相当である。

なお，別紙検討図の242点及び207点（ウ点）を筆界特定図面においては，H1点及びH2点とする。

第5　結　語

以上により，対象土地の各筆界は，結論のとおり特定するのが相当である。なお，筆界調査委員の意見も同旨である。

平成〇〇年〇月〇日
　　　　　　　　　〇〇法務局
　　　　　　　　　　筆界特定登記官　〇　〇　〇　〇

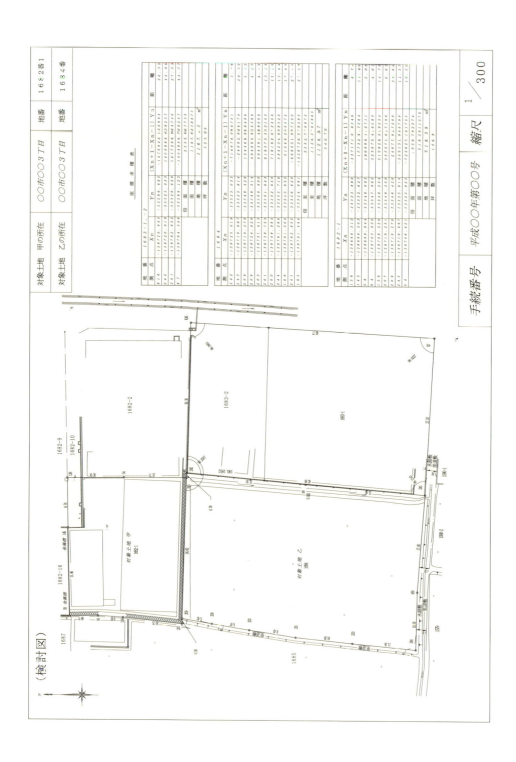

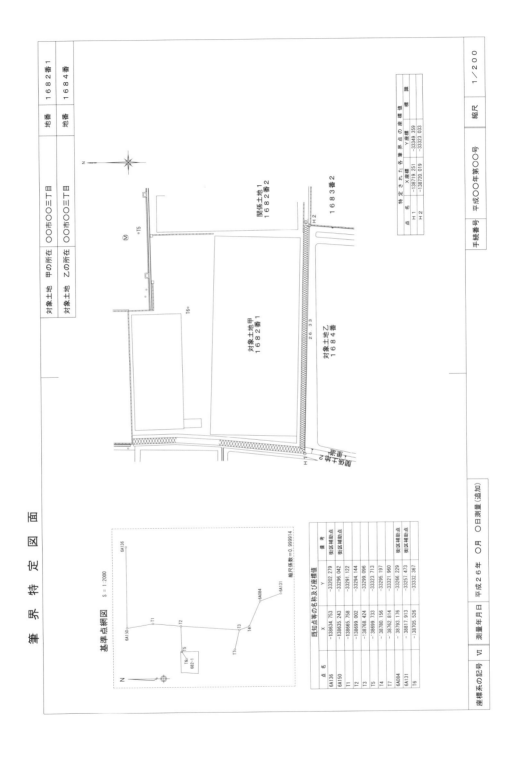

事例 2

地租改正事業により創設された原始筆界について，地図に準ずる図面，市道路明示図，現地に設置された境界標識の状況等を総合的に判断して特定した事例

　本件は，申請人が，対象土地Aについて地積の更正の登記をするに当たって，対象土地Bとの筆界（以下「本件筆界」という。）を確認する必要があったところ，対象土地Bの所有権登記名義人（以下「関係人」という。）は既に死亡しており，その相続人の行方も明らかでないことから，本件筆界の特定を求めて申請された事案である。

　本件筆界は，地租改正事業により創設された，いわゆる原始筆界である。対象土地周辺の筆界を示す資料としては，地図に準ずる図面，和紙公図，対象土地等と市道との境界について対象土地Aの前所有者及び関係人が異議なく承認するとした図面付の承諾書（以下「本件承諾書」という。），市道路敷境界決定図（以下「市道路明示図」という。），対象土地Aと関係土地との筆界確認書が存在する。また，申請人が主張する本件筆界には，金属杭と石杭が設置されている。

　そして，金属杭については，本件承諾書の点と同一位置にあり，市道路明示図により復元した点とも整合性が認められるから，本件筆界の西端点に設置された境界標と認められるとして，また，石杭については，埋設時期等は不明であるものの，当事者間において永年争いがなかったこと等の実情から，本件筆界上に設置された境界標と認められるとして，本件筆界を特定したものである。

筆 界 特 定 書

　　手 続 番 号　　平成〇〇年第〇〇号
　　対 象 土 地　　甲　〇〇市〇〇町一丁目1633番
　　　　　　　　　　　（以下「甲土地」という。）
　　　　　　　　　乙　〇〇市〇〇町一丁目1632番1
　　　　　　　　　　　（以下「乙土地」という。）

　　　　　　　　　　　○○市○○町一丁目13番22号
申　請　人　　○　○　○　○

申請人代理人　　土地家屋調査士　○　○　○　○

筆界調査委員　　○　○　○　○

調査補助職員　　○　○　○　○

　上記対象土地について，次のとおり筆界を特定する。

結　　論

　甲土地と乙土地との筆界は，別紙筆界特定図面のＨ１点を始点として，Ｈ１点とＨ２点を直線で結んだ線の延長線上であると特定する。

理由の要旨

第1　前提事実

1　甲土地と乙土地との筆界（以下「本件筆界」という。）は，地租改正時に創設された原始筆界である。
2　甲土地は，昭和51年○月○日，申請人が相続により所有権を取得している。
3　乙土地は，昭和29年○月○日，○○○（以下「関係人」という。）が売買により所有権を取得している。
4　申請人は，甲土地につき地積の更正の登記をするに当たり，本件筆界を確認する必要があるところ，関係人は既に死亡しており，その相続人の行方も明らかでないことから，本件筆界の特定を求めたものである。

第2　申請人の主張

　本件筆界は，平成26年○月○日付けで申請人が提出した意見書添付の現況図（以下「申請人主張図面」という。）の111－154点とＫ６－２点を結んだ直線である。
　その根拠は，111－154点は，甲土地，乙土地及び○○市道路との交点として，かつて当事者立会いの下に設置された既設境界標が現存する点であり，また，Ｋ６－２点については，111－154点と既設方向石杭を結んだ直線上にあり，甲土地とその東側隣接地との間で交わされた筆界確認書においても，筆界点として確認されている。

第3　本件筆界の検討

1　対象土地周辺の現況
(1)　対象土地付近は高低差のない住宅地である。
(2)　甲土地は，居住用建物の敷地として利用されている。
(3)　乙土地には，登記記録上は３戸の建物が存するとされているが，同地上に建物はなく，更地である。
(4)　甲土地及び乙土地の東側（なお，本特定書における方位については便宜上，本件筆界を東西方向とし，甲土地は本件筆界の北側に，乙土地は本件筆界の南側に位置するものとして表記する。）に隣接する○○市○○町一丁目1629番（以下，「関係土地１」という。また，同町名の土地については，地番のみ表記する。）は，居住用建物の敷地として利用されている。
(5)　甲土地及び乙土地の西側に隣接する道路（以下「○○市道路」という。）は○○市により管理されている。
(6)　○○市道路の肩石に沿った申請人主張図面の111－154点には金属杭（以下「本件金属杭」という。）が設置されている。
　　また，申請人主張図面のＫ６－２点から0.168ｍ西側には，御影石を材質とした東西方向を示す石杭（以下「本件石杭」という。）が設置されている。

2　対象土地周辺の筆界を示す資料等
(1)　地図に準ずる図面
　　　○○法務局○○支局には，不動産登記法第14条第４項に規定する地図に

準ずる図面が備え付けられているほか，当該図面の原図と考えられる和紙で作成した図面（以下「和紙公図」という。）が保管されており，同公図における対象土地周辺の土地の位置及び地番配列は現況とおおむね合致している。

なお，和紙公図において，甲土地の形状はやや東西方向に長い長方形であり，本件筆界を含む甲土地の各筆界線形はいずれも直線で描画されている。

(2) ○○市資料

ア　承諾書（立会調書）の写し

○○市には，甲土地及び乙土地等の土地と○○市道路との境界につき，所有者が異議なく承認するとした承諾書が存在する（以下，当該承諾書のうち，甲土地，乙土地及び1632番2に係る承諾書を併せて「本件承諾書」という。）。

また，本件承諾書には，上記各土地と○○市道路との境界上に番号が付された図面（以下「本件承諾書図面」という。）が添付されている。

なお，本件承諾書は，昭和50年○月○日付けで作成されており，同承諾書には，甲土地，乙土地及び1632番2の各所有者（当時）の署名の記載が認められる。

イ　明示に関する資料

○○市には，1639番（現在の1639番1及び同番2に該当する。）を申請地とする同土地と○○市道路との境界を明示した市道路敷境界決定図（○○○○第○号。以下，同図面を「○○市道路明示図」という。）が保管されている。

○○市の担当者は，「申請人主張図面の111－154点に存する本件金属杭は，○○市道路明示図のP点を示すものとして○○市が設置した境界標であり，本件承諾書図面において154と番号が付された点，同じく○○市が保管する「○○市道路台帳平面図」において1－154と番号が付された点はともに同一点である。」供述している。

(3) 筆界確認書

甲土地と関係土地1，1628番1及び1634番1との各筆界は，現所有者間において確認されており，そのうち，甲土地と関係土地1との筆界確認書においては，申請人が「本件筆界の東端点」と主張する申請人主張図面のK6－2点を筆界（南端点）として確認されている。

3 本件筆界の復元

(1) 西端点の復元

　本件金属杭の存する申請人主張図面の111－154点は，昭和50年○月○日に，甲土地の前所有者及び関係人が，各所有土地と○○市道路との境界として承諾した点と同一位置にあり，○○市道路明示図により復元した点とも整合している。

　したがって，本件金属杭の存する申請人主張図面の111－154点を本件筆界の西端点ではないとする資料はなく，前記第3の2(2)に列記した資料とも矛盾する点がないことから，本件筆界の西端点と認めるのが相当である。

(2) 東端点の復元

ア　申請人は，上記(1)の復元点である申請人主張図面の111－154点から，本件石杭を通り，甲土地と関係土地1との間で確認された筆界の南端点までを本件筆界であると主張している。

　また，申請人は，本件石杭について，埋設時期等は不明であるものの，同人の母親からは，本件石杭が，甲土地と乙土地との境界を示すものと聞いている旨陳述しているほか，関係土地1の所有者代理人（○○○○）は，同石杭について昭和61年に関係土地1が相続された以前から存在していることを記憶している旨陳述していることから，甲土地，乙土地及び関係土地1間においては，本件石杭をめぐり，永年争いがなかったことがうかがえる。

イ　和紙公図によれば，本件筆界の線形は直線であり，甲土地の西側に描画された道路に対する当該筆界の角度は90度30分（読み取り値）である。

　それに対し，上記(1)の111－154点から○○市道路に対する本件石杭（中心）までの角度は90度48分37秒であり，和紙公図における上記角度とほぼ一致する。

　また，甲土地と関係土地1，1628番1及び1634番1との各筆界は，現所有者間において確認されており，そのうち，甲土地と関係土地1との筆界（南端点）は，本件筆界の東端点として復元した111－154点から本件石杭を通る線の延長線上に存している。

4　本件筆界の特定

　以上のことから，本件石杭は，本件筆界上に設置された境界標と認められるところ，本件手続が甲土地と関係土地1との筆界の特定を求めるものでないことから，本件筆界は，筆界特定図面のH1点を始点として，同点とH2点を直線で結んだ線の延長線上であると認めるのが相当である。

第4　結　語

以上により，対象土地の筆界は，結論のとおり特定する。
なお，筆界調査委員の意見も同旨である。

　平成○○年○月○日
　　　　　　　　　　○○法務局
　　　　　　　　　　　筆界特定登記官　　○　○　○　○

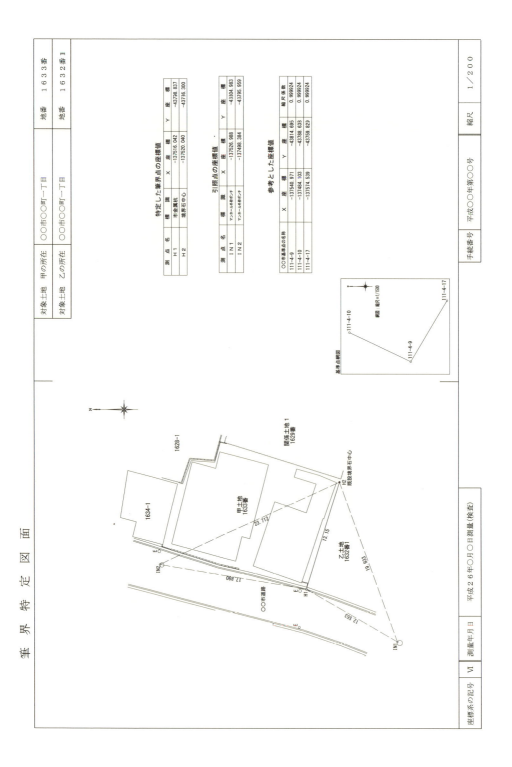

事例 3

地租改正事業により創設された原始筆界について，申請人が提出した測量成果を，検査を経て採用し，作成した検討図，現況構造物，官民境界明示，空中写真等を総合的に判断して特定した事例

　本件は，対象土地Bの所有権登記名義人の所在が不明のため，対象土地Aとの筆界（以下「本件筆界」という。）を確認することができないとして，本件筆界の特定を求めて申請人から申請された事案である。

　本件筆界は，地租改正事業により創設された，いわゆる原始筆界であり，対象土地Aの西側に隣接する対象土地Bのうち，本件筆界付近は，市の位置指定道路である。対象土地及びその周辺土地については，地図に準ずる図面及びその原図である和紙公図が存在するが，地図に準ずる図面における対象土地Aの西側に隣接する各土地は，いわゆる「集合地番」で表示されていること，また，和紙公図には，縮尺等の表記がないことから，これらをもって本件筆界を復元することはできない。

　そこで，申請人が提出した測量成果を，検査を経て採用し，作成した検討図を用いた上で，現況構造物，官民境界明示，空中写真等を総合的に判断して，本件筆界を特定することとした。

　そして，空中写真や現況構造物（L型側溝，擁壁）の設置時期・状況等の検証結果，申請人が保管している対象土地付近一帯が宅地開発された時期の丈量図とされる図面等の検討結果から，市の位置指定道路の幅員が確保され，地図に準ずる図面及び和紙公図における筆界線形や空中写真との比較においても矛盾することはなく，また，現況構造物，官民境界明示，既提出の地積測量図とも整合しているとして，申請人が主張する2点を結んだ直線を本件筆界として特定したものである。

筆 界 特 定 書

手 続 番 号　　平成〇〇年第〇〇号
対 象 土 地　　甲　〇〇市〇〇三丁目1429番1

              （以下「甲土地」という。）
        乙　〇〇市〇〇三丁目1426番7
              （以下「乙土地」という。）

            〇〇府〇〇市〇〇115番9号
申　請　人　　〇　〇　〇　〇

申請人代理人　　土地家屋調査士　〇　〇　〇　〇

筆界調査委員　　〇　〇　〇　〇
調査補助職員　　〇　〇　〇　〇

上記対象土地について，次のとおり筆界を特定する。

結　論

　甲土地と乙土地との筆界は，別紙筆界特定図面のＨ１点及びＨ２点とを結んだ直線であると特定する。

理由の要旨

第1　前提事実

1　申請人は，昭和27年〇月〇日，売買により甲土地の所有権を取得している。

2　甲土地の西側（以下，正確な記載とは異なるが，甲土地を基準に乙土地側を西と表記する。）に隣接する乙土地の所有権の登記名義人は，〇〇住宅株式会社（以下「〇〇住宅」という。）であるが，〇〇住宅は旧商法第406条の3第1項の規定（解散擬制）により解散している。

3　甲土地と乙土地との筆界（以下「本件筆界」という。）は，地租改正により創設された筆界（いわゆる原始筆界）である。

4　申請人は，〇〇住宅の所在が不明のため，本件筆界の確認ができなかった

ことから，その特定を求めたものである。

第2　申請人の主張

本件筆界は，筆界特定申請書に添付の実測平面図（以下「申請人主張図面」という。）の(ア)点から(イ)点を結んだ直線上にある。

その根拠は，乙土地が道路であり，本件筆界付近のL型側溝等の現況構造物の設置状況による。

第3　現地調査及び資料について

1　地図に準ずる図面の状況

対象土地及びその周辺土地については，○○法務局○○出張所（以下「管轄登記所」という。）に，不動産登記法第14条第4項に規定する地図に準ずる図面（以下「本件公図」という。）が備え付けられ，本件公図の原図となる和紙を素材とする図面（以下「本件和紙公図」という。）も保管されている。

本件公図によれば，甲土地の西側に隣接する土地は，各土地の筆界が表記されていない，いわゆる「集合地番」として表示がされていることから，各土地の位置，形状及び地番配列等は，本件公図上明確ではない。

2　分合筆等の経緯及び地積測量図等の保管状況

(1)　甲土地

昭和33年○月○日，○○市大字○○1429番（昭和48年○月○日，同所は行政区画変更により○○市○○三丁目となっている。以下，行政区画変更前及び変更後の同所に所在する土地は地番のみで表記する。）が同番1（甲土地）及び同番2に分筆

(2)　乙土地

ア　昭和36年○月○日，1426番が1452番1及び1452番2を合筆

イ　同日，1426番が，同番1から同番7までに分筆

ウ　昭和45年○月○日，1426番7が1428番1を合筆

エ　同年○月○日，1426番7が同番7（乙土地），同番20から同番24までに分筆

なお，管轄登記所には，上記(1)により作成された分筆申告図，上記(2)イにより作成された分筆申告図及び上記(2)エにおいて，乙土地が分筆された際に作成された地積測量図（以下「乙測量図」という。）が保管されている。

3　対象土地の現況

対象土地付近は，住宅地であって，東側が高く，西側が低い地形である。

(1)　甲土地

周囲をコンクリートブロック製の土留め（特に，本件筆界付近に設置されたコンクリートブロック製の土留めを「西側擁壁」という。）等に囲まれた露天駐車場であり，乙土地よりも高い位置にある。

(2)　乙土地

乙土地の内，本件筆界付近は，○○市が幅員約4mとする位置指定道路としている道路である（以下，西側擁壁に面する道路部分を「本件道路」という。）。

なお，本件道路の西側擁壁の裾付近（本件筆界付近）には，本件道路を維持，管理するためのL型側溝（以下「本件L型側溝」という。）が設置されている。

4　甲土地の本件筆界以外の筆界について

(1)　甲土地とその北側に隣接する1451番6（○○市道，以下「甲土地北側道路」という。）との筆界は，平成6年○月○日付け○○○第○号（以下「甲土地北側明示」という。）により官民境界を確認している。なお，甲土地北側道路にも，本件L型側溝と同様にL型側溝（以下「北側L型側溝」という。）が設置されている。

(2)　甲土地とその南側に隣接する1424番4及び同番3との筆界は，平成10年○月○日，管轄登記所に保管された地積測量図により確認することができる。

(3)　甲土地とその南西側に隣接する1426番1との筆界は，次のとおり，管轄登記所に保管された地積測量図により確認することができる。

ア　平成18年○月○日，1461番1（以下，当該分筆前の1461番1を「元1426番1」という。）を，同番1及び同番33ないし同番36に分筆した際の地積測

量図
　　イ　上記アの前，同年○月○日，元1426番1の地積の更正をした際の地積測量図（以下「元1426番1測量図」という。）
　(4)　甲土地とその東側に隣接する1429番2との筆界は，平成6年○月○日付け筆界確認書により筆界が確認されている。

第4　本件筆界の検討及び判断

　本件筆界は原始筆界であることから，本件公図及び本件和紙公図により検討することが相当であるが，本件和紙公図は縮尺等がなく，本件和紙公図のみをもって本件筆界を復元することはできない。

　また，本件公図は，前記第3の1のとおり甲土地の西側に隣接する土地が「集合地番」で表示されていることから，現況構造物，地積測量図，官民境界明示，空中写真等を総合的に検討して，本件筆界を判断することが相当である。

　なお，申請人が提出した測量成果を点検したところ，不動産登記規則（平成17年2月18日法務省令18号）第10条第4項第1号（国土調査法施行令別表第四）の精度区分甲2（以下「公差」という。）を満たしていることから，本件筆界の検討に当たっては，申請人が提出した測量成果を基に作成した別紙筆界検討図（以下「検討図」といい，同図面の各点は符号のみ表記する。）を使用する。

1　資料の検討
　(1)　本件和紙公図及び本件公図

　　　本件和紙公図及び本件公図に描画された本件筆界相当部分は，直線である。
　(2)　空中写真
　　ア　対象土地周辺には，○○市が保管する昭和17年撮影の空中写真（以下「本件17年空中写真」という。）がある。

　　　　本件17年空中写真によると，対象土地の西側にため池があり，甲土地が農地であった様子が確認できる。
　　イ　対象土地周辺には，国土地理院保管の昭和36年撮影の空中写真（以下「本件36年空中写真」という。）がある。

本件36年空中写真と本件17年空中写真を比較すると，対象土地周辺に大きな状況の変化はうかがえない。
　ウ　対象土地周辺には，国土地理院保管の昭和50年撮影の空中写真（以下「本件50年空中写真」という。）がある。
　　　本件50年空中写真によると，対象土地周辺の宅地開発が進み，甲土地の北側には道路が整備され，西側には本件道路を含む現在の位置指定道路を確認することができる。
(3)　構造物の状況
　ア　本件Ｌ型側溝
　　　本件Ｌ型側溝の設置時期は明確ではないが，劣化状況や○○市保管の対象土地付近の位置指定道路指定図に記載された年が昭和44年であること，また，昭和45年に乙土地が分筆されるなど宅地開発がされている状況を勘案すると，本件Ｌ型側溝は，少なくとも本件道路が整備された昭和45年頃には設置されているものと推認される。
　イ　西側擁壁
　　　西側擁壁の構築時期は明確ではないが，甲土地が昭和40年頃まで丘陵地であったのを整地し，土留めを施したという申請人の供述から，本件Ｌ型側溝とほぼ同時期に構築されたものと推認される。
(4)　申請人資料図面
　ア　申請人は，昭和40年頃，対象土地付近一帯が宅地開発された際の丈量図とされる図面（以下「申請人資料図面」という。）を保管している。
　イ　申請人は，申請人資料図面について，宅地開発当時，対象土地付近一帯の土地の区画を明らかにする必要があったことから，甲土地を含めて測量し，作成された図面であると申請人の父から聞いていると供述している。
　ウ　申請人資料図面に描画された甲土地の辺長は，申請人主張図面とほぼ一致しており，申請人資料図面作成当時から現在まで，ほぼ同じ占有状況であることが確認できる。
　エ　申請人資料図面には，甲土地を含む「Ｄ」と記載された区画，その南西に1426番1を含む「Ｅ」と記載された区画があり，各区画の外周及び各区画と隣接する道路等との筆界点には，筆界点を示す○印が記載されている。したがって，当該「Ｄ」区画と「Ｅ」区画と本件道路の三者交

点に相当する当該○印が，本件筆界の南端点に相当する筆界点となり，「D」区画の北西角の○印が，本件筆界の北端点に相当する筆界点となる。

オ 申請人資料図面には，各筆界の辺長がメートル法で記載されており，乙測量図に辺長が記載されていない筆界と申請人資料図面の当該筆界をスケールで読み，検証した結果がおおむね一致していることから，申請人資料図面が作成当時の状況を示す丈量図として評価できる。

(5) 元1426番1測量図

ア 元1426番1測量図における元1426番1の北東角（K44点）には，コンクリート杭角の記載があり，現地に表記されたコンクリート杭の存在を確認することができる。

イ 元1426番1測量図における甲土地と元1426番1との筆界の辺長は，24.092mであり，申請人資料図面及び申請人主張図面における当該筆界の辺長との較差は公差の範囲内である。

ウ 以上から，元1426番1測量図のK44点は，申請人資料図面における本件道路，元1426番1及び甲土地との三者交点と一致し，現況及び申請人資料図面から元1426番1測量図のK44点を復元した申請人主張図面の(イ)点（以下，検討図におけるB点とする。）に相当する筆界点であると推認される。

2 本件筆界の復元

(1) 本件筆界の北端点

仮に，乙土地が甲土地の西側に隣接する○○市の位置指定道路であるとすると，申請人資料図面上の本件筆界の北端点は，甲土地の北西角の筆界点となる。本件17年空中写真，本件36年空中写真及び本件50年空中写真から甲土地の北西角の位置，形状に大きな変化は認められず，本件L型側溝及び西側擁壁が，昭和40年頃，対象土地付近一帯が宅地開発された時とほぼ同時期に構築されたとすると，少なくとも，乙土地が位置指定道路となった時点では，本件L型側溝の甲土地側の延長線と北側L型側溝の甲土地側の延長線との交点（申請人主張図面の(ア)点であり，以下，検討図におけるA点とする。）が甲土地の北西角であったと推認される。

よって，A点を本件筆界の北端点と仮定する。

(2) 本件道路の南端点

　　A点は，上記(1)のとおり，本件L型側溝の甲土地側の延長線上に位置する点であり，本件L型側溝及び西側擁壁が本件筆界を示す構造物であるとすると，A点から西側擁壁の裾（本件L型側溝の甲地側）に沿って南方向に延長すると，上記1(5)で検証した元1426番1測量図のK44点（B点）となり，当該コンクリート杭の北西角は，甲土地，元1426番1及び本件道路との三者交点になることから，本件筆界の南端点に相当する筆界点となる。

(3) A点及びB点を結んだ直線を本件筆界とすると，本件道路の幅員は，おおむね4mとなり，○○市位置指定道路図の幅員を確保している。

　　さらに，本件公図及び本件和紙公図における筆界線形，また，本件各空中写真と比較しても矛盾せず，官民境界明示，現況構造物，申請人資料図面及び既提出地積測量図とも整合していることから，本件筆界は，A点及びB点とを結んだ直線とすることが相当である。

第5　結　語

　以上により対象土地の筆界は，A点をH1点，B点をH2点とそれぞれ置き換え，結論のとおり特定するのが相当である。

　なお，筆界調査委員の意見も同旨である。

　　平成○○年○月○日
　　　　　　　　　　○○法務局
　　　　　　　　　　　筆界特定登記官　　○　○　○　○

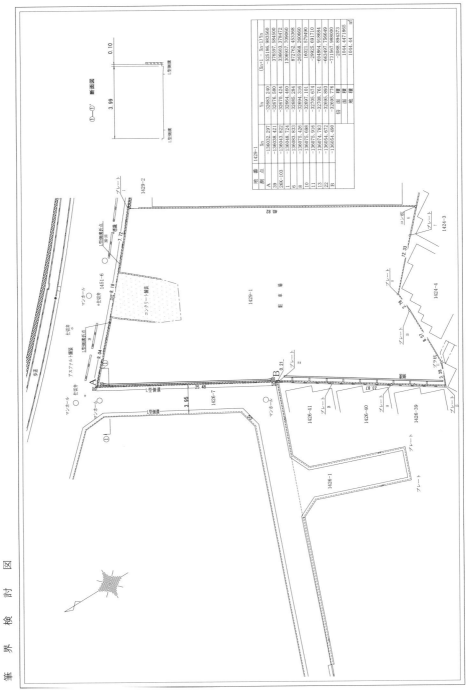

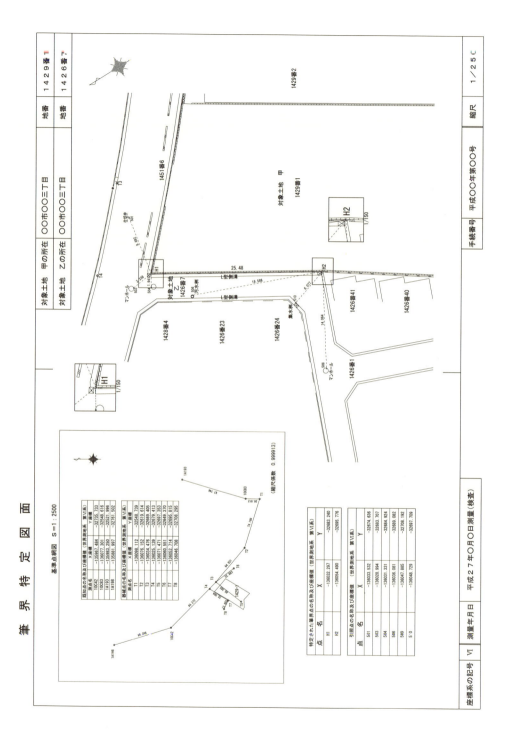

事例 4

地租改正事業により創設された原始筆界について，申請人が提供した測量成果を，検査を経て採用し，作成した検討図，和紙公図，地積測量図，市保管資料及び筆界確認書等の資料に基づき，対象土地が分筆される前の土地の筆界の位置を検証した上で，現地の占有状況等を考慮して特定した事例

　本件は，申請人が，対象土地Aについて地積の更正の登記をするに当たって，対象土地Bとの筆界（以下「本件筆界」という。）を確認する必要があったところ，対象土地Bの所有権登記名義人である関係人との間で，本件筆界に対する認識が相違するとして，本件筆界の特定を求めて申請された事案である。

　本件筆界は，地租改正事業により創設された，いわゆる原始筆界である。対象土地周辺の筆界等を示す資料としては，地図に準ずる図面，和紙公図，地積測量図，対象土地Aと対象土地Bを除く西側隣接地との現所有者間で交わされた筆界確認書，分筆前の対象土地Aの南側に隣接する水路（以下「本件水路」という。）及び対象土地Bの西側道路に係る市保管資料が存在する。そして，和紙公図の描画から，本件筆界を含む対象土地Aと対象土地Bが分筆される前の各土地間の筆界（以下「本件元筆界」という。）の線形が直線であること，また，本件元筆界が，本件水路の西側筆界から続く同一直線上の筆界であることが確認できることから，本件筆界は，本件元筆界上にあるものと考えられる。

　そこで，本件筆界については，申請人が提供した測量成果を，検査を経て採用し，作成した検討図を用いて復元し，上記の各資料に基づき本件元筆界の位置を検証した上で，現地の占有状況等をも考慮して特定したものである。

筆 界 特 定 書

手 続 番 号　　平成○○年第○○号

対 象 土 地 　甲　○○市○○四丁目1844番1
　　　　　　　　　（以下「甲土地」という。）
　　　　　　　　乙　○○市○○四丁目1838番48
　　　　　　　　　（以下「乙土地」という。）

　　　　　　　　○○市○○五丁目11番8号
申 請 人　　　○　○　○　○

申請人代理人　　土地家屋調査士法人　○○○○○○○
　　　　　　　　社員土地家屋調査士　○　○　○　○

筆界調査委員　　○　○　○　○

調査補助職員　　○　○　○　○

上記対象土地について，次のとおり筆界を特定する。

結　　論

　甲土地と乙土地との筆界は，別紙筆界特定図面のＨ１点とＨ２点を直線で結んだ線上又はその延長線上であると特定する。

理由の要旨

第1　前提事実

1　甲土地と乙土地との筆界（以下「本件筆界」という。）は，地租改正時に創設された原始筆界である。

2　甲土地は，申請人が，平成22年○月○日，相続を原因として所有権を取得している。

3　乙土地は，○○○（以下「関係人○○」という。）が，昭和58年○月○日，相続を原因として所有権を取得している。

4 申請人は，甲土地につき地積の更正の登記をするに当たり，本件筆界を確認する必要があるところ，当該筆界に対する認識が関係人○○と相違したとして，本件筆界の特定を求めたものである。

第2 申請人の主張

本件筆界は，本件筆界特定申請書添付の現況測量図（以下「申請人主張図面」という。）の200点と127点を直線で結んだ線上である。

その根拠は，かつて甲土地及びその西側隣接地（乙土地を含む。）はいずれも申請人の夫が所有していた土地であり，上記200点及び127点は，同人が当該西側隣接地を売却した位置に沿って設置したブロック塀の西面に相当する位置にある。

第3 対象土地等

1 対象土地周辺の現況について
 (1) 甲土地は，いわゆる旗竿地であり，「旗地」は共同住宅の敷地として利用されているが，「竿地」については特定の用途に供されていない。
 (2) 乙土地は，居住用建物の敷地として利用されている。
 (3) 乙土地の西側には，1838番1を敷地とする道路（以下「乙西側道路」という。）が接道しており，当該道路とそれに隣接する宅地との間にはそれぞれ側溝が施工されている（以下，当該側溝のうち，乙土地側（東側）に施工された側溝を「本件側溝」という。）。

  なお，乙西側道路は，昭和44年○月から同45年○月までの間において，○○市から位置の指定を受けた道路である。
 (4) 本件筆界付近には，甲土地側にブロック塀（以下「甲ブロック塀」という。），乙土地側にブロック積が南北方向に平行に設置されている。

  なお，甲ブロック塀が，甲土地の前所有者により，平成4年頃に設置されたものであること，また，乙土地側に設置されたブロック積が，昭和44年頃に設置されたものであることについては，当事者間で認識の違いはない。

2 対象土地周辺の分合筆等の経緯について

対象土地周辺における分合筆等の経緯は，以下のとおりである。

なお，対象土地周辺は，昭和47年○月○日，○○市大字○○から同市○○四丁目に行政区画が変更されている（以下，当該行政区画変更前後の土地についてはいずれも地番のみで表示する。）。

(1) 昭和44年○月○日，1839番，1843番，1845番１，同番２，1846番及び1848番２が1838番に合筆

(2) 同年○月○日，1838番が，同番１から同番21まで分筆

(3) 同年○月○日，1838番１が，同番１及び同番22から同番34まで分筆

(4) 同年○月○日，1838番１が，同番１及び同番35から同番43まで分筆

(5) 同年○月○日，1838番１が，同番１及び同番45から同番49まで分筆
（1838番48が乙土地）

(6) 昭和46年○月○日，1844番が，同番１及び同番２に分筆

(7) 同年○月○日，1838番１が，同番１及び同番51から同番54まで分筆

(8) 平成26年○月○日，1844番１が同番１（甲土地）及び同番３に分筆（以下，当該分筆前の1844番１の土地を「分筆前甲土地」という。）

第４　本件筆界の検討

1 対象土地周辺の筆界等を示す資料

(1) 地図に準ずる図面

ア　○○法務局○○出張所（以下「管轄登記所」という。）には，不動産登記法第14条第４項に規定する地図に準ずる図面（以下「現公図」という。）が備え付けられているが，甲土地の北側及び西側の各隣接地は別図に描画されているため，現公図により甲土地と乙土地の隣接関係を確認することはできない。

イ　一方，現公図の原図と考えられる和紙で作成された公図（以下「和紙公図」という。）によると，本件筆界を含む分筆前甲土地（1844番１）と1843番との筆界（以下「本件元筆界」という。）の線形が直線であること，また，本件元筆界が，分筆前甲土地の南側に隣接する水路（以下「本件水路」という。）の西側筆界から続く同一直線上の筆界であることが確認できる。

(2) 地積測量図

　管轄登記所には，乙土地創設に係る前記第3の2(5)の分筆により作成された地積測量図（以下「乙土地測量図」という。）が備え付けられており，同測量図には，本件筆界に係る辺長の記載はないものの，乙土地を含む分筆地の三斜辺長及び同辺長に基づき求積された面積が記載されている。

　なお，分筆前甲土地については，昭和46年○月○日及び平成26年○月○日作成の地積測量図が存在するが，1844番1についてはいずれも残地として求積されており，本件筆界に係る辺長の記載もない。

(3) 筆界確認書

　ア　甲土地と西側隣接地（乙土地を除く）との筆界

　　甲土地と1838番45，同番46，同番47及び同番49との各筆界は，現所有者間で筆界確認書が交わされており，1838番49との筆界を除き，いずれも甲ブロック塀の西面に沿った位置をもって確認されている。

　イ　乙土地と1838番47との筆界

　　乙土地と1838番47との筆界は，平成25年○月○日付で，筆界確認書（以下「乙筆界確認書」という。）が交わされており，当該土地間に施工されたブロック塀の中心線をもって筆界が確認されている。

　　また，当該筆界確認書によると，乙西側道路側の6点及び7点には，東西方向を示す金属標が，また，甲土地側の8点及び9点については，金属標の表記があり，そのうち，8点及び9点の金属標は甲ブロック塀の西面に沿った位置に設置されている。

　　なお，乙土地と1838番49との筆界については，これに係る筆界確認書は交わされていないものの，関係人○○は当該筆界について，両土地間に現存するブロック塀（以下「乙南側ブロック塀」という。）の中心であるとの認識を示している。

(4) ○○市保管資料

　ア　本件水路に係る資料

　　○○市には，本件水路（1844番2を含む。）と分筆前甲土地との境界について，平成26年○月○日付け○○○○○第○号公共用地境界確定図（以下「本件明示図」という。）が保管されており，本件明示図における境界の西端点は，既設金属標の存する申請人主張図面の200点をもって確認されている。

なお，上記200点は，甲土地と1838番49の現所有者間において，両土地の筆界南端点（甲土地の南西角）として確認された点と同位置にある。
　イ　乙西側道路に係る資料
　　○○市には，乙西側道路について位置の指定を定めた図面が複数保管されており，そのうち，昭和44年○月○日付け○第○－○号，同月○日付け○第○－○号，同年○月○日付け○第○－○号，同年○月○日付け○第○－○号及び昭和45年○月○日付け○第○－○号の境界確定図によると，乙西側道路の有効幅員は，当該道路の両端に施工された側溝の流水面立ち上がり道路側を基準として確保されていることが確認できる。

2　本件筆界の検証

　本件筆界は地租改正時に創設された筆界であるが，当該筆界は，本件元筆界（分筆前甲土地と1843番との筆界）上にあり，当該筆界を証する和紙公図，乙土地測量図，○○市資料及び筆界確認書が存在することから，本件筆界を特定するに当たっては，上記資料に基づき本件元筆界の位置を検証した上で，現地の占有状況等も考慮して行うのが相当である。
　なお，本件筆界の復元に際しては，別紙検討図（同検討図は，申請人代理人から提供された測量成果に基づき作成されているが，同測量成果は本件申請に際し検査を経て採用している。以下，同検討図における各点は点番のみを表記する。）を用いて行うものとする。
(1)　本件元筆界（南端点）の検証
　　和紙公図において，本件元筆界は，本件水路（西側筆界）と同一直線上の筆界として描画されているところ，本件明示図における本件水路と甲土地との官民境界（西端点）は，既設金属標の存するA点をもって確認されており，また，同点は，甲土地と1838番49の筆界南端点（甲土地の南西角）として確認された点（申請人主張図面の200点）でもあることから，A点をもって本件元筆界の南端点と認めるのが相当である。
(2)　本件筆界の特定
　ア　乙西側道路は，本件側溝の立ち上がり道路側に沿った位置を基準として，○○市から位置指定を受けており，現地においては，当該側溝により道路部分と宅地部分は明確に区画されている。
　　そこで，乙筆界確認書に記載された乙土地と1838番47との筆界を示す

方向金属標の方向線と本件側溝の立ち上がり道路側に沿った線との交点をC点とし，乙土地と南側隣接地である1838番49との間に施工された乙南側ブロック塀の中心線を西側に延長し，当該延長線と本件側溝の立ち上がり道路側に沿った線との交点をD点とする。

イ 次に，乙筆界確認書により，乙土地と1838番47との筆界上の点として確認された点をB点（乙筆界確認書の8点）とし，同点と本件元筆界の南端点として復元したA点を直線で結んだ線と，乙南側ブロック塀の中心線を東側に延長した線が交差する点をE点とする。

ウ B点とD点を直線で結んだ線を乙土地測量図記載の乙土地の三斜辺長の「底辺」，同直線からC点及びE点への各垂線を「高さ」とすると，本件測量図において相当する三斜辺長の数値と大差なく整合する（別紙検討図のとおり）。

エ 本件元筆界（南端点）の復元点であるA点から，甲ブロック塀の西面に沿った位置にあり，かつ，甲土地と1838番49との筆界（北端点）として確認されたE点を直線で結んだ線の延長線を本件元筆界とした場合，その位置及び線形は，和紙公図及び○○市資料とも整合するほか，前記第4の1(3)の筆界確認書の内容とも矛盾しない。

オ 加えて，B点，C点，D点，E点及びB点の各点に囲まれた範囲の面積を求めると，当該面積と乙土地の公簿面積との差は，不動産登記規則（平成17年2月18日法務省令18号）第10条第4項第1号（国土調査法施行令別表第四）の精度区分甲2を十分に満たす範囲にあることが認められる。

カ 以上のことから，本件筆界の北端点はB点，南端点はE点であるところ，乙土地と1838番47及び同番49との筆界については特定を求められていないことから，本件筆界の両端点についてはいずれも方向線上の点として特定するのが相当である。

なお，別紙検討図のE点及びB点は，別紙筆界特定図面においてH1点及びH2点とする。

第5 結語

以上により，対象土地の筆界は，結論のとおり特定する。
なお，筆界調査委員の意見も同旨である。

平成○○年○月○日
　　　　　　　　　○○法務局
　　　　　　　　　　筆界特定登記官　　○　○　○　○

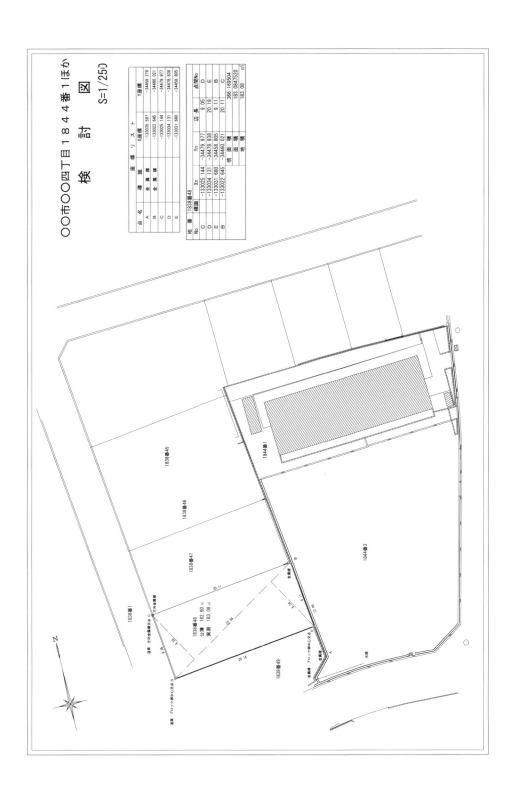

第1編　原始筆界

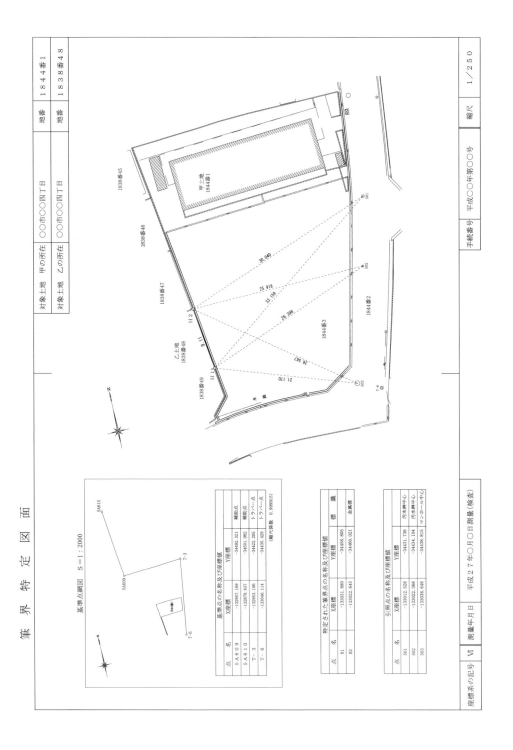

事例 5

地租改正事業により創設された原始筆界について，申請人が提出した測量成果を，点検を経て採用し，作成した検討図，和紙公図，空中写真，筆界確認書及び現況構造物の状況等を総合的に判断して特定した事例

　本件は，対象土地Ｂの所有権登記名義人の所在等が不明のため，対象土地Ａ１，Ａ２及びＡ３との筆界（以下「本件全筆界」という。）を確認することができないとして，本件全筆界の特定を求めて申請人から申請された事案である。

　本件全筆界は，地租改正事業により創設された，いわゆる原始筆界であり，対象土地Ｂは，その西側に隣接する里道（以下「本件里道」という。）とともに通行路として利用されている。対象土地周辺の筆界等を示す資料としては，地図に準ずる図面，和紙公図（以下「本件和紙公図」という。），空中写真，道路境界明示資料，対象土地Ａ１及びＡ３と関係土地との当事者間で交わされた筆界確認書が存在するが，地図に準ずる図面は，本件和紙公図における土地形状と一致していないことから，地番更正図に基づき作成されたものと推測される。一方，本件和紙公図における土地の形状は，現況とほぼ合致している。

　そこで，対象土地Ａの通行路の対側地に係る地積測量図及び道路境界明示を現地に重ね合わせた上で，本件和紙公図，空中写真，筆界確認書等との整合性を検証し，加えて，関係者の供述等の各資料と現況構造物との整合性等を十分に考慮した上で，通行路の幅員を確保して対象土地Ｂの位置を検討し，本件全筆界を特定することとした。

　そして，申請人が提出した測量成果を，点検を経て採用し，作成した検討図を用いた上で，本件里道の西側筆界を基線として復元された本件全筆界の位置及び線形が，本件和紙公図と合致していることが認められ，かつ，現況構造物とおおむね整合する位置にあるとして，本件全筆界を特定したものである。

筆 界 特 定 書

手 続 番 号　　平成〇〇第〇〇号
対 象 土 地　　甲　〇〇市〇〇区〇〇五丁目1219番
　　　　　　　　　　（以下「甲1土地」という。）
　　　　　　　　乙　〇〇市〇〇区〇〇五丁目1236番
　　　　　　　　　　（以下「乙土地」という。）

手 続 番 号　　平成〇〇年第〇〇号
対 象 土 地　　甲　〇〇市〇〇区〇〇五丁目1220番
　　　　　　　　　　（以下「甲2土地」という。）
　　　　　　　　乙　乙土地

手 続 番 号　　平成〇〇年第〇〇号
対 象 土 地　　甲　〇〇市〇〇区〇〇五丁目1221番1
　　　　　　　　　　（以下「甲3土地」という。）
　　　　　　　　乙　乙土地

申　　請　　人　　〇〇市〇〇区〇〇五丁目115番27号
　　　　　　　　〇　〇　〇〇〇
　　　　　　　　〇〇市〇〇区〇〇五丁目115番27号
　　　　　　　　〇　〇　〇　〇
申 請 人 代 理 人　　土地家屋調査士　〇　〇　〇　〇

筆 界 調 査 委 員　　〇　〇　〇　〇

調 査 補 助 職 員　　〇　〇　〇　〇

上記各対象土地について，次のとおり筆界を特定する。

結　　論

甲1土地，甲2土地及び甲3土地と乙土地との筆界は，別紙筆界特定図面のH1点，H2点，H3点，H4点，H5点，H6点及びH7点を順次直線で結んだ線上又は延長線上であると特定する。

理由の要旨

第1　前提事実

1　甲1土地，甲2土地及び甲3土地（以下，総称して「甲全土地」という。）は，申請人○○○○○が，平成17年○月○日，相続を原因として○○○○持分全部を取得し，申請人○○○○が，平成24年○月○日，相続を原因として○○○○持分全部を取得している。
2　甲土地の西側に隣接する乙土地の所有者は，登記簿の表題部所有者欄に「○○○○○外15人」と記載され，○○○○○又はその相続人の所在は不明であり，かつ，外15名の氏名等も不明である。
3　申請人は，甲全土地と乙土地との筆界（以下「本件全筆界」という。）を明らかにする必要があるところ，乙土地所有者の相続人等が明らかでないため，当該筆界を確認することができないとして，本件全筆界の特定を求めたものである。

第2　申請人の主張

本件全筆界は，本件筆界特定申請書添付の申請図面（以下「申請人主張図面」という。）のP110点，P123点，P122点，P121点及びP114点を順次直線で結んだ線である。

その根拠は，申請人が相続により所有権を取得する以前から，現地に設置されていたコンクリートブロック塀（以下「本件ブロック塀」という。）により，甲全土地及び乙土地の利用状況が明確になっていることから，本件ブロック塀の西面が本件全筆界である。

第3　対象土地について

1　対象土地付近の現況について

(1) 甲全土地は，未舗装の露天駐車場として一体利用されている。また，当該駐車場の北側の出入口を除き，本件全筆界付近には，本件ブロック塀が設置されている。

(2) 乙土地は，その西側に隣接する里道（以下「本件里道」という。）とともに通行路（以下「本件道路」という。）として利用されており，本件ブロック塀により利用状況は明確になっている。

　また，甲全土地は，乙土地より約50cm高い位置にあることから，本件ブロック塀は土留めの役割も兼ねている。

(3) 甲1土地の南側には，東西方向にコンクリートブロック塀（以下「南側ブロック塀」という。）が設置されており，本件ブロック塀の南端は，南側隣接地の○○市○○区○○五丁目1214番（以下「関係土地1」といい，○○市○○区○○五丁目の土地については地番のみで表示する。）との筆界付近で東方向に約30cm折れて，南側ブロック塀に接続している。

(4) 関係土地1と乙土地との筆界部分には，本件ブロック塀西面の南方向への延長線に沿って，本件道路側に縁石（以下「本件縁石」という。）が敷設されている。

2　本件筆界以外の筆界の状況について

(1) 甲1土地と関係土地1との筆界については，当事者間において，平成26年○月○日付け筆界確認書が交わされており，申請人主張図面のP110点とP111点とを結ぶ線（南側ブロック塀の中心線及びその延長線）で確認されている。

(2) 甲3土地とその北側隣接地である1224番（以下「関係土地2」という。）との筆界については，当事者間において，平成26年○月○日付け筆界確認書が交わされており，当該筆界確認書添付の境界確定図のP114点とP113点を結ぶ線（両土地内にそれぞれ設置されたコンクリートブロック塀間の中心線）で確認されている。

3 対象土地及び関係土地の分合筆等の経緯について

対象土地周辺に係る分合筆等の経緯は，以下のとおりである。

なお，対象土地周辺は，昭和26年○月○日，○○市○○区○○町及び○○町が同市○○区○○町二丁目，昭和55年○月○日，○○町二丁目が同市○○区○○五丁目に町名変更されている（以下，町名変更前の○○町，○○町及び○○町二丁目に属していた土地についても地番のみで表示する。）。

(1) 明治25年○月○日，171番が同番1及び同番2に分筆
(2) 明治35年，171番1が同番1及び同番3に分筆
(3) 大正8年○月○日，169番が同番1及び同番2，170番が同番1及び同番2に分筆
(4) 大正8年○月○日，171番1が同番1及び同番4に分筆
(5) 昭和26年○月○日，167番が1214番（関係土地1），168番が1219番（甲1土地），169番1が1220番（甲2土地），170番1が1221番，171番1が1224番（関係土地2），659番が1236番（乙土地）に地番更正
(6) 昭和32年○月○日，1221番が同番1（甲3土地）及び同番2に分筆

なお，当該分筆については，分筆申告図が○○法務局○○出張所（以下「管轄登記所」という。）に保管されている。

以上のとおり，対象土地間において分合筆の経緯がないことから，本件全筆界は，地租改正時に創設されたいわゆる原始筆界である。

第4 本件全筆界の検討

1 対象土地周辺の筆界等を示す資料について

(1) 地図に準ずる図面

管轄登記所には，不動産登記法第14条第4項に規定する地図に準ずる図面が備え付けられているが，当該公図は，○○町の和紙公図（以下「本件和紙公図」という。）と形状が一致していないことから，地番更正図に基づき作成されたものと推測される。なお，本件和紙公図における対象土地及びその周辺土地の形状は，現況とほぼ合致している。

(2) 空中写真

昭和17年に対象土地周辺を撮影した空中写真（以下「昭和17年空中写真」という。）によると，乙土地は井路敷（水路）であることが認められ，乙土地

に沿って本件里道の存在を確認することができる。
　また，当該空中写真における乙土地及び本件里道の位置は，現在の本件道路の位置とおおむね合致していることが認められる。
(3) 地積測量図
　ア　本件里道の西側隣接地1168番3については，昭和51年○月○日，1168番2が同番2及び同番3に分筆した際の地積測量図（以下「昭和51年測量図」という。）が管轄登記所に備え付けられており，本件里道との筆界の辺長が記載されている。
　イ　本件里道の西側隣接地である1165番8，同番1，同番9，同番22，同番28及び同番33については，昭和43年○月○日，1168番が同番1ないし同番33に分筆した際の地積測量図（以下「昭和43年測量図」という。）が管轄登記所に備え付けられているが，本件里道との筆界の辺長は記載されていない。
　ウ　1165番37については，昭和59年○月○日，1168番28が同番28及び同番37に分筆した際の地積測量図（以下「昭和59年測量図」といい，昭和51年測量図及び昭和43年測量図と併せて「本件対側測量図」という。）が管轄登記所に備え付けられており，1165番37と本件里道との筆界の辺長が記載されている。
(4) 道路境界明示資料
　本件里道に係る○○市保管の道路境界明示は，以下のとおりである。
　ア　1168番1及び1168番3と本件里道との筆界については，○○市の道路境界明示（平成9年○月○日○○市指令（道明）第○号，以下「平成9年明示」という。）が完了している。
　イ　1165番28及び1165番37と本件里道との筆界については，○○市道路境界明示（昭和59年○月○日○○市指令（道明）第○号，以下「昭和59年明示」という。）が完了している。
　ウ　1165番22と本件里道との筆界については，○○市道路境界明示（平成6年○月○日○○市指令（道明）第○号，以下「平成6年明示」といい，平成9年明示及び昭和59年明示と併せて「本件里道明示」という。）が完了している。
　エ　以上の各明示間において，明示線として接続していない箇所があるが，隣接する明示線との接続関係が明らかにされていることから，甲全土地の対側地における本件里道の西側道路境界線を特定することは可能

である。また，いずれの明示においても本件里道の幅員は0.909mとなっている。

2 本件全筆界の復元

本件全筆界は，前述のとおり原始筆界であるが，甲土地の対測地に地積測量図，道路境界明示が存在することから，当該測量図及び明示を現地に重ね合わせた上で，本件公図，空中写真，筆界確認書等との整合性を検証し，加えて関係者の供述等の各資料と現況構造物との整合性等を十分考慮した上で，乙土地の位置に基づき，本件全筆界を特定するのが相当である。

なお，本件全筆界の復元に際しては，別紙検討図（以下「検討図」という。なお，同検討図は，申請人提出の測量成果の点検を経て採用している。）を用いて行うものとする。

(1) 乙土地及び本件里道の幅員

ア 対象土地の周辺土地は，旧土地台帳記載の地目及び昭和17年空中写真から，田園地帯であったことが分かる。

乙土地は，旧土地台帳登録当時から「井路敷」であり，その北東に位置する〇〇右岸に設けられた樋門（三千樋）から取水した水を，隣接する各土地へ灌漑用水を送るための水路として利用者である農地所有者が自主的に維持管理していたものと考えられ，いわゆる公有水路ではない。

イ 乙土地が井路敷として利用されていた当時を知る関係土地1関係人及び関係土地2関係人の供述によると，乙土地は，灌漑用水路として昭和30年代頃までは利用されていたとし，その後，周辺住民の通行路として現在に至っていると考えられる。

そして，乙土地の幅員は，水路部分6尺，その東側の泥上げ部分3尺の合計9尺（2.727m）であったこと，及び本件里道の幅員が上記1(4)エのとおり3尺（0.909m）であったことについても認識が合致しており，本件道路の現況幅員ともおおむね合致している。

ウ 昭和17年空中写真によると，乙土地は一定の幅員であったことが認められ，本件和紙公図においても同様に一定の幅員で描かれており，水路としての機能を考えれば，一定の幅員で設置されていたと考えるのが自然であり，合理的である。

したがって，乙土地の幅員は一定であり，かつ，9尺（2.727m）であったと認めるのが相当である。

(2) 本件里道の西側筆界

ア 本件里道の西側筆界については，上記1(4)のとおり，本件全筆界の対側部分において，○○市の道路境界明示が完了しており，引照点及び明示点の座標値により，当該明示線を復元することができる。

また，本件対側測量図についても，既存境界標等によりおおむね復元することが可能であり，その復元結果に基づき作成したものが検討図である。

イ 検討図によれば，昭和59年明示と昭和59年測量図及び平成9年明示と昭和51年測量図は，それぞれ合致していることが認められるものの，平成6年明示と昭和43年測量図は，大きな離齬はないものの合致していない。

昭和43年測量図は，その作成時期を考察すると，本件里道との筆界を当該管理者と確認の上で作成されたものではなく，あくまでも当時の現況を基準に作成したものである。したがって，平成6年明示における本件里道の位置が明確になったと考えるべきであり，当該明示線は現況のコンクリートブロック塀等の構造物とも合致している。

ウ 平成9年明示は，本件里道の中心線から幅員を振り分ける形で本件里道の西側線を特定している。つまり里道管理者である○○市が本件里道の位置を明確に特定し，明示を行っているといえる。

(3) 本件全筆界の復元

ア 上記(2)のとおり，本件里道明示は，本件里道の位置を表し，その西側筆界を特定するための資料と認められることから，同明示線を基線として，本件里道の幅員（0.909m）と乙土地の幅員（2.727m）とを合計した幅員を平行に確保した結果が，検討図のA3点，B点，C点，D点，E点，F点及びS2点を順次直線で結んだ線（以下「本件復元線」という。）である。

なお，検討図のA点は，A3点とB点とを結ぶ直線と前記第3の2(1)の筆界確認線との交点であり，G点は，F点とS2点とを結ぶ直線と前記第3の2(2)の筆界確認線との交点である。

イ 平成9年明示の道路境界明示図によれば，南側ブロック塀及び本件全

筆界付近には法面が描かれ，甲全土地が乙土地より高い位置にあったこと，かつ，本件道路には，アスファルトによる舗装がされていないことが認められ，本件ブロック塀は描かれていない。

関係土地１関係人提出の資料によれば，本件道路がアスファルト舗装された時期は，平成10年後半から平成11年頃であることが認められる。

ウ 上記の経過を勘案すると，現況に設置された構造物は，本件全筆界上に正確に設置したものとは言い難く，仮に本件復元線と合致していない箇所が存在するとしても，上記各筆界点の妥当性を左右する事情とはいえず，否定する資料も存在しない。

3 本件全筆界の特定

以上のとおり，本件里道の西側筆界を基線として復元された本件全筆界の位置及び線形は，本件和紙公図と合致していることが認められ，かつ，現況構造物ともおおむね整合する位置である。

したがって，本件全筆界は，Ａ点，Ｂ点，Ｃ点，Ｄ点，Ｅ点，Ｆ点及びＧ点を順次直線で結んだ線と認められるところ，本件申請は，関係土地との筆界特定を求めているものではないことから，Ａ点，Ｂ点，Ｃ点，Ｄ点，Ｅ点，Ｆ点及びＧ点を順次直線で結んだ線上又はその延長線上と認めるのが相当である。

なお，別紙検討図のＡ点，Ｂ点，Ｃ点，Ｄ点，Ｅ点，Ｆ点及びＧ点を，筆界特定図面においては，Ｈ１点，Ｈ２点，Ｈ３点，Ｈ４点，Ｈ５点，Ｈ６点及びＨ７点とする。

第5 結 語

以上により，対象土地の各筆界は，結論のとおり特定するのが相当である。なお，筆界調査委員の意見も同旨である。

平成○○年○月○日
　　　　　　　　　　○○法務局
　　　　　　　　　　　筆界特定登記官　　○　○　○　○

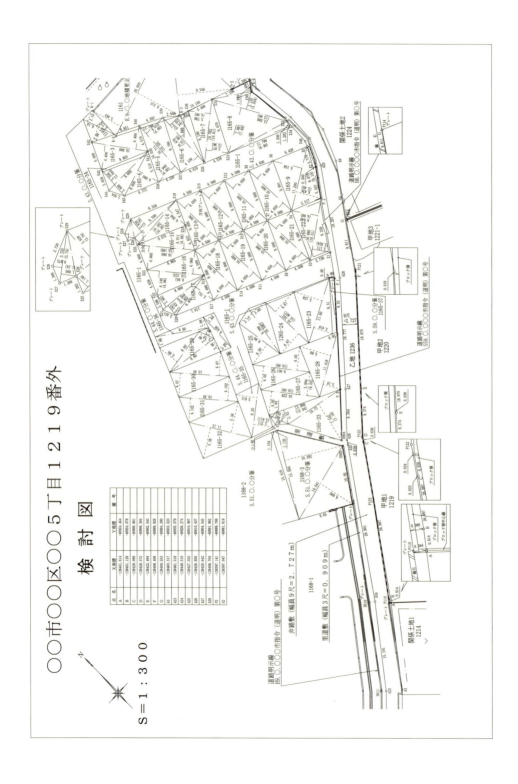

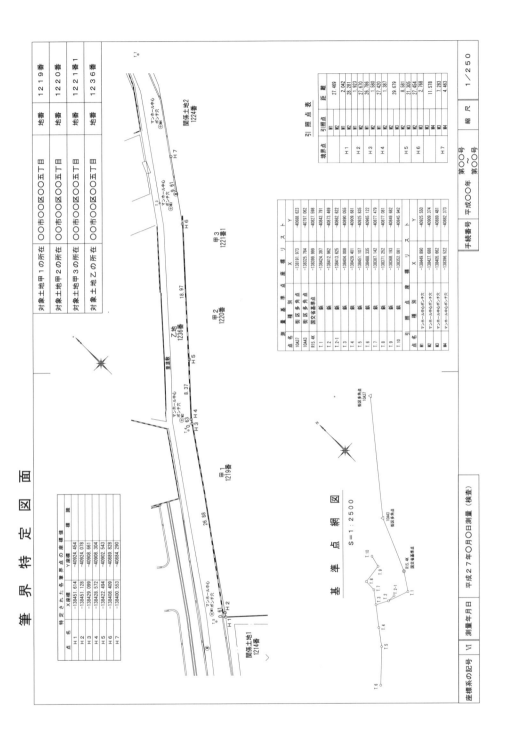

事例 6

地租改正事業により創設された原始筆界について，検査をした上で採用した申請人主張図面に水路敷確定図を重ね合わせて作成した検討図，水路敷確定図，市有地境界明示図，構造物の現況等を総合的に判断して特定した事例

　本件は，申請人が，対象土地Ａと対象土地Ｂとの筆界（以下「本件筆界」という。）を確認する必要があったところ，対象土地Ｂの所有権登記名義人の相続人（以下「関係人」という。）との間で本件筆界についての意見が相違したことから，本件筆界の特定を求めて申請された事案である。

　本件筆界は，地租改正事業により創設された，いわゆる原始筆界であるところ，本件筆界を示す資料としては地図に準ずる図面，地積測量図，空中写真，対象土地Ｂ上の南東側にある倉庫に係る家屋台帳図面，水路敷確定図，路線図，境界標が存在するが，本件筆界を直接に復元し得る資料は存在しない。

　そこで，検査をした上で採用した申請人主張図面に水路敷確定図を重ね合わせて作成した検討図を用いた上で，本件筆界を特定することとした。

　そして，本件筆界の西端点については，申請人及び関係人の認識が一致していること，また，本件筆界の東端点については，対象土地Ｂの北東角から南東角にかけて過去に設置されていた石積みの南端面であると考えられるところ，検討図の基となった水路敷確定図及び市有地境界明示図に描画されている構造物の位置がほぼ現況と一致していると判断できることから，同図に描画されている当該石積みの位置についても正確性があり，さらには，当該石積みの位置は，異なる資料によっても同一の位置に復元され，申請人及び関係人の，当該石積みの南端面が本件筆界に沿っていたとの共通認識とも一致するとして，本件筆界を特定したものである。

筆 界 特 定 書

　手 続 番 号　　平成〇〇年第〇〇号

対 象 土 地 　　甲　〇〇市〇〇区〇〇三丁目1203番
　　　　　　　　　（以下「甲土地」という。）
　　　　　　　　乙　〇〇市〇〇区〇〇三丁目1201番
　　　　　　　　　（以下「乙土地」という。）

申　　請　　人　　〇〇市〇〇区〇〇三丁目14番44号
　　　　　　　　〇　〇　〇　〇
申請人代理人　　土地家屋調査士　〇　〇　〇　〇

筆界調査委員　　〇　〇　〇　〇
補助担当職員　　〇　〇　〇　〇

上記対象土地について，次のとおり筆界を特定する。

結　　論

甲土地と乙土地との筆界は，別紙筆界特定図面中，Ｈ１点とＨ２点を直線で結んだ線であると特定する。

理由の要旨

第1　前提事実

1　甲土地と乙土地との筆界（以下「本件筆界」という。）は，地租改正により創設された筆界，いわゆる原始筆界である。

2　申請人は平成21年〇月頃に，本件筆界を確定しようとしたところ，乙土地の所有権の登記名義人の相続人（以下「乙土地関係人」という。）との間で本件筆界についての意見が相違したとして，本件筆界の特定を求めたものである。

第2　申請人の主張

　本件筆界は，本件筆界特定申請書添付の現況図(以下「申請人主張図面」という。なお，同図面及び後に示す検討図における筆界点については点名のみ表記する。)のA点とB点を直線で結んだ線である。

　その根拠は，かつて乙土地と乙土地東側に隣接する水路(以下「関係土地2」という。)との筆界付近に，乙土地の北東角から南東角にかけて石積み(以下「本件石積み」という。)があって，その南端面の位置が本件筆界位置と考えられ，その位置がB点であると記憶していることにある。また，A点は，甲土地，乙土地及び〇〇市〇〇区〇〇三丁目1204番1の土地(以下「関係土地1」といい，同町の土地については地番のみで表記する。)の3筆交点として確定しており，境界標識が設置されている点である。なお，甲土地と乙土地の間にあるトタン塀(以下「本件トタン塀」という。)は，乙土地上の南東側にある倉庫(以下「本件倉庫」という。)の建築が始まったころ，甲土地上に本件筆界から距離をおいて設置したものである。

第3　対象土地周辺の分筆等の経緯及び現況

　対象土地周辺は，昭和49年〇月〇日，〇〇市〇〇区〇〇町から〇〇市〇〇区〇〇三丁目(以下，町名変更前後の同所に所在する土地については，地番のみで表記する。)に町名変更されている。

1　対象土地周辺の現況について

(1)　対象土地付近は平たんな住宅地であり，対象土地は，甲土地，乙土地，関係土地1，1202番及び1204番2の五筆で形成される街区の東側に位置する。当該街区は北側，西側及び南側を〇〇市が管理する道路に，東側を関係土地2により囲まれている。現在，関係土地2は道路として利用されている。

(2)　甲土地は空き地で，西側に隣接する関係土地1との間に，関係土地1の所有権の登記名義人が所有するブロック塀が設置され，北側には本件トタン塀が，東側及び南側には，申請人が所有するトタン塀が設置されている。

(3) 乙土地上には，乙土地関係人が居住する居宅1棟及び本件倉庫があり，本件倉庫が関係土地2に面して建っており，居宅が本件倉庫の西側に建っている。

(4) 乙土地と乙土地北側の道路との官民境界付近には，東西方向に伸びる石塀（以下「北側石塀」という。）が設置されている。北側石塀は，高さ30センチメートル程度の石積み部分の上面に石塀部分を乗せるように設置されており，同石塀の東端は，乙土地の北東角まで達している。

2 分筆等の経緯について

(1) 甲土地及び乙土地に，分筆，地積の更正等の登記の経緯はない。
(2) 昭和60年○月○日，1202番が地積の更正登記
(3) 平成21年○月○日，1204番が地積の更正登記とともに，1204番を関係土地1及び1204番2に分筆している。

第4 本件筆界の検討及び判断

1 本件筆界を示す資料

(1) 地図に準ずる図面

○○法務局○○出張所（以下「管轄登記所」という。）には，対象土地及びその周辺の土地についての不動産登記法第14条第4項に規定する地図に準ずる図面（以下「本件公図」という。）が備え付けられており，本件公図における対象土地並びに周辺土地の位置，形状及び地番配列は，甲土地の南側に隣接する里道（以下「南側里道」という。）の形状が現況と相違するものの，その他の土地については現況と整合している。

(2) 地積測量図

管轄登記所には，前記第3の2(2)及び(3)に関する地積測量図が備え付けられている。なお，前記第3の2(3)に関する地積測量図を以下「1204番測量図」という。1204番測量図には，各筆界点に境界標の表記がされている。

(3) 空中写真

昭和41年撮影の空中写真では，関係土地2は水路であることが確認できるが，昭和46年撮影の空中写真では，道路として利用されていることが確

認できる。

　したがって，関係土地2は昭和41年から昭和46年までの間に水路から道路へと利用形態が変更されたことが認められる。

　また，昭和46年撮影の空中写真では，本件倉庫は存在しないが，昭和54年撮影の空中写真では，その存在が確認できる。

(4) 家屋台帳図面

　本件倉庫は，未登記であることから登記記録により確認することはできないが，○○市には，本件倉庫について，新築年，調査年月日，辺長等を記載した家屋台帳図面が保管されている。当家屋台帳図面によると，本件倉庫は昭和49年の新築（昭和49年○月○日調査）である。

(5) 水路敷確定図

　○○市には，乙土地と関係土地2を挟んで北東方向の対測地に相当する1316番2に関して，同土地と関係土地2との官民境界に関する整理番号昭和○○－○－○水路敷確定図（以下「1316番2確定図」という。）が保管されており，また，関係土地2と甲土地の南方向に位置する1222番の一部，南側里道及び甲土地との境界に関する整理番号昭和○○－○－○水路敷実測図（以下「1222番確定図」という。）が保管されている。

　1316番2確定図の乙土地の北側筆界及び東側筆界付近に描かれた構造物（囲い）と同様の構造物が，1222番確定図の乙土地と関係土地2との筆界付近にも描かれている。

　また，○○市には，関係土地2について，甲土地を申請地とする平成21年○月○日付け○○○第○号市有地境界明示図（以下「○号明示図」という。）及び，乙土地を申請地とする平成21年○月○日付け○○○第○号市有地境界明示図（以下「○号明示図」という。）が保管されている。

(6) 路線図

　○○市には，乙土地とその北側に隣接する道路についての○○区第○号新路線図及び甲土地とその南側に隣接する道路についての○○区第○号新路線図（両路線図を併せて以下「本件路線図」という。）が保管されている。本件路線図には縮尺の表記がないが，道路中心線の辺長の表記から300分の1の縮尺で作成されていることが判断できる。

　さらに，本件路線図には，乙土地の北側筆界及び東側筆界付近に上記(5)の確定図と同様の構造物が描かれている。

(7) 境界標

　甲土地，乙土地及び関係土地1との3筆交点付近（申請人主張図面のNK3点）に金属標が設置されている。当該金属標は，1204番測量図における当該3筆交点に該当するK-5点の境界標と種別が一致している。

2　本件筆界の検討

　本件筆界は原始筆界であるところ，本件筆界を直接に復元し得る資料はない。

　申請人及び乙土地関係人の陳述内容からすると，本件倉庫及び本件トタン塀が建築される以前，乙土地と関係土地2との境界線付近に，当該境界線に沿うように本件石積みが設置されていて，申請人及び乙土地関係人には，本件石積みの南端面が本件筆界に沿っていたとの共通認識があることが認められる。また，本件石積みが撤去された上，本件倉庫が建築され，更に本件トタン塀が設置されて以降，本件筆界についての認識が相違することとなった経緯が認められる。

　よって，本件筆界は，本件石積みが存在していた時の同石積みの南端面を復元することにより特定することが相当である。

(1) 昭和43年に対象土地付近を撮影した写真の検討

　乙土地関係人から，昭和43年に対象土地付近を撮影したとする写真（以下「本件記録写真」という。）が提出されているところ，同写真からは関係土地2が道路として利用されていること及び本件倉庫はまだ建築されていないことが確認できる。

　また，本件記録写真から，本件倉庫が建築される以前，乙土地と関係土地2との境界付近に本件石積みが設置されていたこと及び本件石積み以外に構造物はなかったことも認められる。

(2) 1316番2確定図の検討

　1316番2確定図に本件倉庫が描かれていないことから，乙土地の東側筆界及び北側筆界付近に描かれている構造物は，本件倉庫が建築される以前に存在していたとされる本件石積みであると認められる。

　1316番2確定図は，乙土地に直接関係する図面ではないものの，同図面を基に現地調査した結果，同確定図に描画されているマンホールの位置や，道路を挟んで乙土地の北側に位置する1200番の南東角付近の石積みの

形状など，構造物の位置や形状は，ほぼ現況と一致していると判断できることから，本件石積みについても，その位置や形状について正確性があるものと推測される。

そして，同確定図の描画から，本件石積みの北端から南端までの長さがほぼ11mであることが読み取れる。

(3) 本件路線図の検討

本件路線図にはいずれも，本件倉庫が描かれていないことから，乙土地の東側筆界及び北側筆界付近に描かれている構造物は，本件倉庫が建築される以前に存在していたとされる本件石積みであると認められる。

本件路線図は，同路線図を基に現地調査した結果，描画されているマンホールの位置や，道路を挟んで乙土地の北側に位置する1200番の南東角付近の石積みの形状など，構造物の位置や形状はおおむね現況と一致していると判断できることから，本件石積みについても，その位置や形状について正確性があるものと推測される。

そして，同路線図の描画から，本件石積みの北端から南端までの長さがほぼ11mであることが読み取れる。

(4) 本件筆界の検討

以下の検討に当たっては，申請人主張図面を基に1222番確定図を重ね合わせて作成した検討図を用いる。なお，申請人主張図面は，検査をした上で採用したものである。

ア 本件筆界の西端点の検討

本件筆界の西端点が申請人主張図面におけるA点（NK3点）であることについては，申請人及び乙土地関係人の認識は一致している。なお同点は，1204番測量図にK－5点として表記されている。

イ 本件筆界の東端点の検討

(ア) 乙土地と関係土地2との筆界が，○号明示図で示される明示線（以下「本件水路明示線」という。）であることについて，それを否定する資料は見当たらない。

次に，乙土地関係人の陳述及び本件記録写真から，北側石塀の東端下部の石積み部分は本件石積みと同じ石積みであり，位置の変動もないことが認められる。

そこで，検討図において，北側石塀下部の石積み部分の北東角から

本件水路明示線上を南方向に，1316番2確定図及び本件路線図から本件石積みの長さとして読み取った11メートルを確保した点をＨ２点とし，かつて本件石積みの南端がＨ２点に位置していたと仮定する。
(イ) 1222番確定図には，乙土地の東側筆界付近に構造物が描かれているところ，1222番確定図が昭和44年頃の実測図面であり，本件倉庫の建築前であることから，描かれている構造物は，本件石積みであると認められるとともに，本件石積みの南端が，甲土地と関係土地2との明示線の北端の明示点とされていることが認められる。

次に，検討図に示すとおり，1222番確定図と○号明示図とでは，甲土地と関係土地2との官民境界について若干の違いが見られるものの，マンホールや，乙土地の東側にある排水会所の位置など，描かれている構造物の位置はほぼ現況と一致していると判断でき，本件石積みについても，その位置について正確性があるものと推測される。

そして検討図によると，上記(ア)で1316番2確定図及び本件路線図の検討結果から本件石積みの南端と仮定したＨ２点の位置は，1222番確定図に描かれている本件石積みの南端の位置とほぼ一致するとともに，1222番確定図における甲土地と関係土地2との官民境界の明示点とほぼ一致する。
(ウ) よって，本件石積みの南端の位置は，異なる資料によっても同一の位置に復元され，申請人及び乙土地関係人の，本件石積みの南端面が本件筆界に沿っていたとの共通認識とも一致することから，Ｈ２点を本件筆界の東端点とするのが相当である。

3 本件筆界の特定

以上のとおり，本件筆界は，検討図のＡ点（NK3点）とＨ２点を直線で結んだ線であると認めるのが相当である。

なお，検討図のＡ点（NK3点）を筆界特定図面においてはＨ１点とする。

第5 結 語

以上により，対象土地の筆界は，結論のとおり特定する。

なお，筆界調査委員の意見も同旨である。

平成○○年○月○日

　　　　　　　○○法務局

　　　　　　　　筆界特定登記官　　○　○　○　○

検討図（現況図面と１２２２番確定図の重ね図）
(縮尺 1/200)

※ 黒色は１２２２番確定図を示す
青色は現況を示す
赤色は○号明示図及び○号明示図を示す

第1編 原始筆界

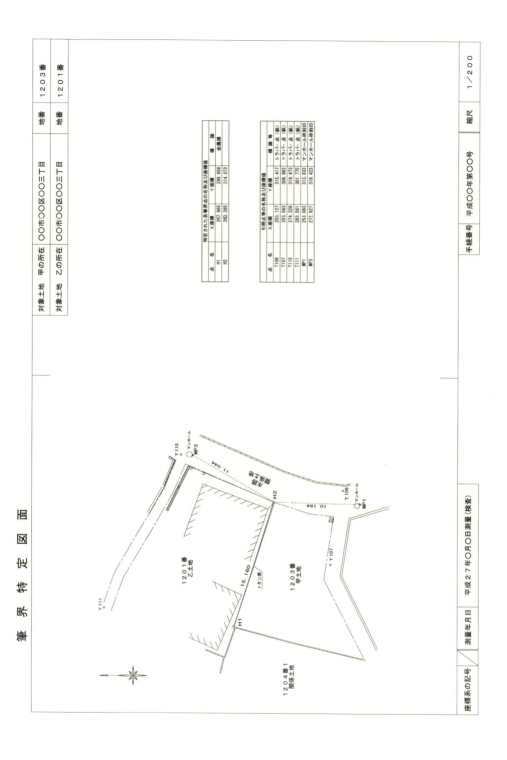

事例 7

分筆により創設された筆界及び地租改正事業により創設された原始筆界について，申請人が提出した測量成果を，検査を経て採用し，作成した検討図と，分筆申告図，地積測量図，市保管資料，現地建造物及び境界標識の設置位置等を総合的に考慮して特定した事例

　本件は，申請人が，対象土地Ａと対象土地Ｂ１との筆界（以下「筆界１」という。）について，対象土地Ｂ１の所有権登記名義人との間で確認する必要があり，また，同時に対象土地Ａと市道である対象土地Ｂ２との筆界（以下，「筆界２」といい，筆界１及び筆界２を併せて「本件全筆界」という。）の南端点に係る同意を同人から得る必要があるため，同人の所在について調査したところ，その行方が知れなかったことから，本件全筆界の特定を求めて申請された事案である。

　筆界１は，昭和22年〇月の対象土地Ａ及びＢ１の分筆により創設された筆界であり，筆界２は，地租改正事業により創設された原始筆界である。

　筆界１を示す資料としては，上記の昭和22年〇月分筆に係る分筆申告図（以下「本件申告図」という。）が存在し，筆界２を示す資料としては地図に準ずる図面，和紙公図，昭和42年以降の対象土地Ａの分筆に係る地積測量図等が存在する。

　そこで，本件全筆界の特定に当たっては，申請人が提出した測量成果を，検査を経て採用し，作成した検討図を用いた上で，本件申告図を含めた分筆申告図，地積測量図のほか，地図に準ずる図面，和紙公図，市保管資料，現地建造物及び境界標識の設置位置等を総合的に考慮して，特定したものである。

筆 界 特 定 書

手 続 番 号　　平成〇〇年第〇〇号
対 象 土 地　　甲　〇〇市〇〇町一丁目122番２
　　　　　　　　　（以下「甲土地」という。）

　　　　　　　　　　乙　○○市○○町一丁目122番１
　　　　　　　　　　（以下「乙１土地」という。）

手 続 番 号　　平成○○年第○○号
対 象 土 地　　甲　甲土地
　　　　　　　　乙　○○市○○町一丁目122番２先道路
　　　　　　　　　　（以下「乙２土地」という。）

申　請　人　　○○府○○市○○四丁目12番７号
　　　　　　　　　○　○　○　○
　　　　　　　　○○府○○市○○四丁目12番７号
　　　　　　　　　○　○　○　○
申請人代理人　　土地家屋調査士　○　○　○　○

筆界調査委員　　○　○　○　○
調査補助職員　　○　○　○　○

上記各対象土地について，次のとおり筆界を特定する。

結　　論

1　平成○○年第○○号について
　　甲土地と乙１土地との筆界は，別紙筆界特定図面のＨ１点を始点とし，Ｈ１点とＨ２点を直線で結んだ線上又はその延長線上であると特定する。
2　平成○○年第○○号について
　　甲土地と乙２土地との筆界は，別紙筆界特定図面のＨ１点とＨ３点を直線で結んだ線であると特定する。

理由の要旨

第1 前提事実

1 甲土地と乙1土地との筆界（以下「本件筆界1」という。）は，昭和22年○月○日，○○市大字○○190番1の土地が同番1，同番6，同番7及び同番8の各土地に分筆されたことにより創設された筆界である。なお，対象土地周辺は，昭和28年○月○日，○○市大字○○から○○市○○町一丁目に町名変更され，同時に地番変更されている（以下，町名の新旧を問わず同所の土地については地番のみで表記し，地番変更前の土地については，「前○番」のように表記する。）。
2 甲土地と乙2土地との筆界（以下「本件筆界2」という。）は，明治期の地租改正事業により創設された筆界（いわゆる原始筆界）である。
3 申請人は，本件筆界1について，乙1土地の所有権登記名義人である○○○○と筆界を確認する必要があり，また，同時に甲土地と乙2土地（道路）の官民境界線の南端点に係る同意を同人から得る必要があったため，同人の所在について調査したところ，その行方が知れなかったことから，本件筆界1及び本件筆界2（以下「本件全筆界」という。）の特定を求めたものである。

第2 申請人の意見

本件筆界1は筆界特定申請書添付の現況平面図のア点とイ点を結んだ線であり，本件筆界2はイ点とウ点を結んだ線である。
その根拠は，既存境界標ア点及びウ点を基点とし，○○法務局○○出張所（以下「管轄登記所」という。）に保管されている後記第3の2(8)の122番6測量図を復元した点がイ点であり，同測量図において明らかにされている甲土地の各筆界点とア点，イ点及びウ点により求めた甲土地の実測面積と，甲土地の登記記録上の面積とを比較すると，ほぼ合致するからである。

第3 現地の状況及び分筆等の経緯

1 対象土地周辺の現況について
(1) 対象土地周辺は，居住用建物が建ち並ぶ平坦な住宅地である。

(2) 甲土地は，主に露天駐車場として利用されており，甲土地の南側に東西に通る道は，○○市が管理する道路（以下「市道○号線」という。）である。

(3) 乙2土地は，甲土地，122番6（以下「関係土地2」という。）及び122番7等の東側を南北に通る道路（以下「市道●号線」という。）である。

(4) 市道○号線は，市道●号線から西方向へ続く公衆用道路であるが，道路拡幅工事により，道路の両側には，拡幅前の古い側溝（以下「拡幅前側溝」という。）と拡幅工事により敷設された新しい側溝（以下「拡幅後側溝」という。）とがあり，道路幅は一定でない。また，市道●号線も，道路幅は一定ではないが，両側に側溝があることから，市道○号線及び同●号線の道路の線形は明らかである。

(5) 122番5（以下「関係土地1」という。）と関係土地2は，住居用建物の敷地として利用されている。

2 対象土地の分筆等の経緯について

対象土地周辺に係る分合筆等の経緯は，以下のとおりである。

(1) 昭和3年○月○日，前190番が同番1から同番3に分筆
(2) 昭和4年○月○日，前190番3が田から公衆用道路に地目変更
(3) 昭和5年○月○日，前190番1が田から宅地に地目変更
(4) 昭和22年○月○日，前190番1が同番1，同番6から同番8までに分筆（以下，この分筆に係る分筆申告図を「本件申告図」という。）
(5) 昭和28年○月○日，前190番1が122番に，前190番6が122番2に，前190番7が122番3に，前190番8が122番1（乙1土地）に地番変更
(6) 昭和32年○月○日，122番が同番及び同番4に分筆（以下，当該分筆に係る分筆申告図を「122番4申告図」という。）
(7) 昭和42年○月○日，122番2が同番2及び同番5（関係土地1）に分筆
(8) 平成18年○月○日，122番2が同番2及び同番6（関係土地2）に分筆（以下，当該分筆に係る地積測量図を「122番6測量図」という。）
(9) 平成24年○月○日，122番2が同番2（甲土地）及び同番7に分筆（以下，当該分筆に係る地積測量図を「122番7測量図」という。）

管轄登記所には，上記(4)及び(6)の分筆申告図，(7)，(8)及び(9)の地積測量図が備え付けられている。

第4　本件全筆界の検討及び判断

　本件筆界1を示す資料は本件申告図であり，本件筆界2を示す資料は管轄登記所に保管されている不動産登記法第14条第4項に規定する地図に準ずる図面（以下「本件公図」という。）及び旧土地台帳附属地図（以下「和紙公図」という。）であって，いずれの図面も現地復元性を有する図面ではないため，本件全筆界の特定に当たっては，和紙公図及び本件申告図を含め，分筆申告図，地積測量図，○○市保管資料，現地構造物及び境界標の設置位置等を総合的に考慮して特定することになる。

　また，以下の検討には別紙検討図（以下，同図における点名を表記する場合には点名のみで表記する。）を用いる。また，検討図は，申請人が提出した測量成果に基づき作成したものであり，当該測量成果は検査を経た上，採用している。

1　対象土地付近の筆界等を示す資料及び構造物の検討

(1)　市道○号線の側溝

　検討図のとおり，120番4，122番4，甲土地，111番の東側一部及び113番2の前面の側溝は，経年変化の状況及び当該側溝が敷設された道路の幅が狭くなっていることから拡幅前側溝であると思われる。

　また，122番及び111番の西側一部の前面の側溝は，拡幅前側溝と比較すると新しく，当該側溝が敷設されている道路の幅が広くなっていることから，拡幅後側溝であると思われる。

　なお，甲土地の前面の拡幅前側溝は，h28点から東側が北方向に屈曲している。

(2)　地図に準ずる図面

　本件公図における対象土地周辺の土地の位置，形状及び地番配列は，現況とおおむね合致している。

(3)　分筆申告図

　ア　本件申告図

　　本件筆界1の創設の際に作成された本件申告図によると，本件筆界1の線形は東西方向の直線で描画されている。

　イ　122番4申告図

　　122番4申告図によると，122番及び同番4の南側には○○市道が隣接

するものとして描画されている。さらに，本件公図上，122番及び同番4の南側には乙1土地が隣接していることからすると，122番4申告図の作成時，乙1土地は○○市道と認識されていたことが認められる。

(4) ○○市が保管する資料

○○市には，次の資料が保管されている。

ア　昭和62年○月○日付け○○市指令○○○第○-○号明示図（以下「122番7明示図」という。）

イ　昭和63年○月○日付け○○市指令○○○第○-○号明示図

ウ　境界点成果一覧表「電子基準点（FKP）成果」（以下「境界点成果表」という。）

境界点成果表は，○○市が所有・管理する道路と民有地との官民境界について，境界点名，座標値，境界標種類等が記載されたものであり，○○市基準点から官民境界を現地に復元することが可能である。

(5) 境界標

現地には，検討図のとおり，境界標が設置されている。

2　本件全筆界に対する判断

(1) 本件筆界1について

ア　本件公図によると，乙1土地の南側には，乙1土地と平行に190番3があり，昭和4年当時には既に地目は公衆用道路となっていた。また，乙1土地の固定資産税の評価は非課税となっている。

イ　土地の固定資産税及び都市計画税が非課税となる場合の一つに，当該土地が公共の用に供する道路である場合があり，国道，市道等の公衆用道路がそれに該当する。ただし，私道であっても，何ら制約を設けず広く不特定多数の人に利用され，所有者が賃借料を取得しないなど，一定の条件に該当する場合には，公共の用に供する道路とされる。よって，固定資産税等の評価額が非課税となる場合は公共の用に供する道路の中に位置していることが考えられる。

ウ　本件公図上の乙1土地は，甲土地と190番3と平行に長峡物の形状で描画されており，固定資産税も非課税になっていることから，現況等も考慮すると，乙1土地は，甲土地の南側にある市道○号線内に位置していると推認できる。

エ　122番4申告図によると，122番の南側に隣接する○○市道の幅員が1.72間（3.12m）と表記されており，拡幅前側溝の位置に設置されている境界標（501点，H104点，H103点及び25B点）から市道○号線を挟んで対測にある拡幅前側溝及び拡幅前側溝の跡までの距離を対比すると，ほぼ一致しており，乙1土地とその北側の宅地との筆界は，市道○号線に沿って存在する拡幅前側溝の流水面道路側立ち上がり（以下「拡幅前道路肩」という。）と推認できる。

オ　境界点成果表から復元した市道○号線の官民境界の位置は，H102点，H103点，H104点，H109点及びH112点となり，これらの点は拡幅前道路肩の位置に相当する。

カ　以上のことから，乙1土地は，市道○号線内にあると判断することができ，本件筆界1は，拡幅前道路肩に沿った線（h9点とh28点を結んだ線）に位置すると認めるのが相当である。

キ　しかし，本件筆界1付近の拡幅前側溝は，h28点で極端に北側に屈曲ているが，本件申告図における本件筆界1の線形が直線であることから，h28点から東方向にある拡幅前側溝の位置は，本件筆界1を示す構造物として採用することはできない。よって，本件筆界1は，h9点とh28点とを直線で結んだ線を東方向に延長した線とするのが相当である。

(2)　本件筆界2について

ア　122番6測量図及び122番7測量図は，現地復元性を有する図面であり，当該測量図及び122番7明示図により関係土地2及び122番7の東側筆界を復元すると，H115点（金属鋲）とH116点を結んだ直線となり，両点は，市道●号線の道路側溝流水面の道路側立ち上がりの位置となる。また，境界点成果表により復元した市道●号線と関係土地2及び122番7との官民境界の位置は，H111点，H115点，H116点及びH129点を結んだ線となり，どの位置も市道●号線の道路側溝流水面の道路側立ち上がりの位置である。

イ　よって，本件筆界2は，H115点とH111点を直線で結んだ線を南方向に延長した線とするのが相当である。

(3)　本件全筆界について

上記(1)及び(2)のとおり，本件筆界1の方向線（h9点とh28点を結んだ線）

と本件筆界2の方向線（H115点とH111点を結んだ線）との交点であるH1点が本件全筆界の屈曲点となる。

　なお，本件全筆界の線形は，本件申告図及び和紙公図の線形ともほぼ合致する。

3　本件筆界の特定

　以上のことから，本件筆界1は，h9点とH1点を直線で結んだ線であり，本件筆界2は，H115点とH1点を直線で結んだ線とするのが相当であるところ，本件筆界1の西端点については，本申請が甲土地と関係土地1との筆界を求めるものではないことから，方向線上の筆界として特定するのが相当である。

　なお，h9点及びH115点を，筆界特定図面においてH2点及びH3点とする。

第5　結　語

　以上により，各対象土地の筆界を結論のとおり特定する。
　なお，筆界調査委員の意見も同旨である。

　　平成〇〇年〇月〇日
　　　　　　　〇〇法務局
　　　　　　　　筆界特定登記官　　〇　〇　〇　〇

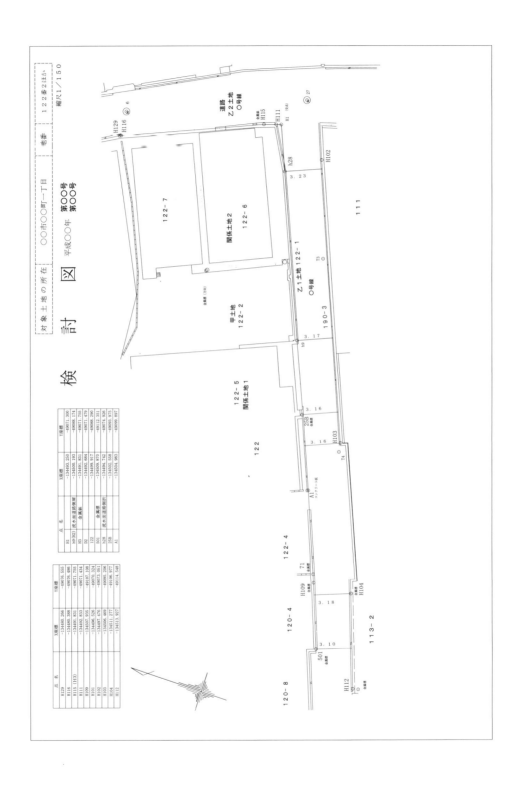

68 第1編 原始筆界

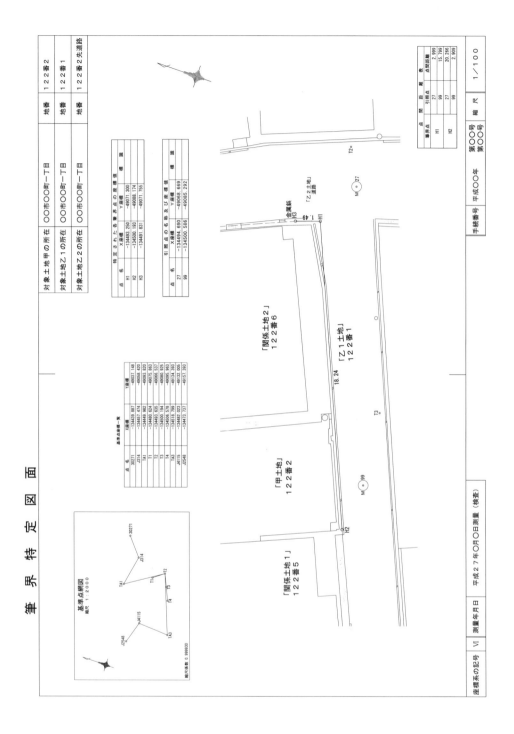

事例 8

地租改正事業により創設された原始筆界について，申請人が提出した測量成果を，点検を経て採用し，作成した検討図，地図に準ずる図面及び分筆申告図等の資料を検討するとともに，里道の幅員及び現況構造物の設置状況等を考慮して特定した事例

本件は，対象土地A1と対象土地B（以下「本件里道」という。）との筆界（以下「筆界1」いう。），対象土地A2と本件里道との筆界（以下，「筆界2」といい，筆界1及び筆界2を併せて「本件全筆界」という。）を確認する必要があったところ，本件里道の対側地所有者の協力が得られなかったことから，本件全筆界の特定を求めて申請された事案である。

対象土地周辺の筆界等を示す資料としては，地図に準ずる図面，分筆申告図，地積測量図，官民境界明示図，筆界確認書が存在する。本件全筆界は，地租改正事業により農地と里道との筆界として創設された，いわゆる原始筆界であるが，現況においては，対象土地A1，A2及び関係土地等の農地が埋め立てられて宅地等に整地されているため，当該農地と本件里道との段差などの地形上又は土地利用上の変化地点が失われている。このため，本件全筆界の検討に当たっては，当該変化地点を考慮することができないことから，申請人が提出した測量成果を，点検を経て採用し，作成した検討図を用いた上で，上記の各資料を検討するとともに，本件里道の幅員及び現況構造物の設置状況等を総合的に考慮して，本件全筆界を特定したものである。

筆 界 特 定 書

手 続 番 号　　平成〇〇年第〇〇号
対 象 土 地　　甲　〇〇市〇〇町一丁目1138番2
　　　　　　　　　　（以下「甲1土地」という。）
　　　　　　　　乙　〇〇市〇〇町一丁目1138番2先里道
　　　　　　　　　　（以下「乙土地」という。）

手 続 番 号　　平成〇〇年第〇〇号
対 象 土 地　　甲　〇〇市〇〇町一丁目1138番3
　　　　　　　　　（以下「甲2土地」という。）
　　　　　　　　乙　乙土地

平成〇〇年第〇〇号につき
　申　請　人　　〇〇府〇〇市〇〇町四丁目128番5－510号
　　　　　　　　〇　〇　〇　〇

平成〇〇年第〇〇号につき
　申　請　人　　〇〇府〇〇市〇〇町一丁目16番3号
　　　　　　　　〇　〇　〇　〇

上　記　2名
申請人代理人　　土地家屋調査士　〇　〇　〇　〇

筆界調査委員　　〇　〇　〇　〇
調査補助担当　　〇　〇　〇　〇

上記各対象土地について，次のとおり筆界を特定する。

結　論

甲1土地及び甲2土地と乙土地との筆界は，別紙筆界特定図面のH1点，H2点，H3点及びH4点の各点を順次直線で結んだ線であると特定する。

理由の要旨

第1　前提事実

1　甲1土地の東側には，北から順に甲2土地及び〇〇市〇〇町一丁目1138番4（以下，同所に所在する土地については地番のみで表記する。）ないし1138番6，

1138番15，1138番7ないし1138番9，1138番17及び1138番12ないし1138番14が隣接している（以下，甲1土地及び甲2土地を併せて「甲全土地」という。）。甲1土地の西側には，北から順に1136番8（以下「関係土地1」という。），1136番19，1136番17，1136番12及び1136番18が隣接している。甲2土地の東側には，1138番1（以下「関係土地2」という。）が隣接している（以下，甲全土地，関係土地1及び関係土地2を総称して「甲土地等」という。）。

甲土地等の北側には，○○市が所有・管理している里道（乙土地。以下「本件里道」という。）が隣接している。

なお，甲全土地の本件里道の対側地は，東から順に○○市○○一丁目1559番2（以下，同所に所在する土地についても地番のみで表記する。），1549番18，1549番59及び1549番34（以下，特に1549番18を「本件対側地」という。）である。また，更に1549番34の西側に隣接する1549番11から西側に続く1549番106，1549番112及び1549番68についても本件里道と接している。

2 　甲土地等の市町名は，昭和41年○月○日，○○市大字○○が○○市○○町一丁目に変更され，昭和42年○月○日，○○市○○町一丁目が○○市○○町一丁目に変更されており，甲全土地の里道対測地の市町名は，昭和42年○月○日，○○市○○が○○市○○に変更され，昭和43年○月○日，○○市○○が○○市○○一丁目に変更されている。

3 　登記記録等によれば，甲1土地に関しては，昭和44年○月○日，1138番2が甲1土地及び1138番4ないし1138番8に分筆しており，甲1土地の地目は，昭和45年○月○日，田が宅地に変更されている。甲2土地に関しては，昭和36年○月○日，1138番2が1138番2及び甲2土地に分筆しており，甲2土地の地目は，昭和36年○月○日，田が宅地に変更されている。

なお，1138番2に関しては，昭和26年○月○日，1138番が1138番1及び1138番2に分筆しており，1138番の地目は，明治38年○月，畑が田に変更されている。

以上の分筆等の経緯から，甲1土地と本件里道との筆界（以下「本件筆界1」という。）及び甲2土地と本件里道との筆界（以下「本件筆界2」といい，本件筆界1及び本件筆界2を併せて「本件全筆界」という。）は，明治期の地租改正事業により1138番と里道との筆界として創設されたいわゆる原始筆界の一部分である。

4 　本件里道の幅員が2.73mであることについては，関係当事者間で争いがな

い。

5 申請人○○○○は，平成24年○月○日，相続を原因として，甲1土地の所有権を取得している。申請人○○○○は，昭和52年○月○日，相続を原因として，甲2土地の所有権を取得している（以下，申請人○○○○及び同○○○○を「申請人ら」という。）。

6 申請人らは，本件全筆界を確認する必要があるところ，本件対側地の所有者の協力が得られなかったとして，本件全筆界の特定を求めている。

第2 申請人らの主張

本件全筆界は，本件筆界特定申請に係る申請書添付図面のＫ1点，Ｐ2点，Ｐ1点及びA197点の各点を順次直線で結んだ線である。

その根拠は，以下のとおりである。

本件全筆界の両端に関しては，関係土地1及び同2と本件里道との境界に関する既明示点があり，対象土地等に関連する地積測量図とも整合性があること，本件里道の幅員が2.73mであること，筆界確認書，現況構造物（ブロック塀，側溝及び電柱等）の設置状況を考慮して，本件全筆界を現地に復元したことである。

第3 対象土地及びその周辺土地の現況について

1 甲1土地の北側部分は，西から順に駐車場（以下「本件駐車場」という。）及び幅員4mの私道（以下「本件私道」という。）として利用されている。本件駐車場の北側には側溝（以下「本件側溝1」という。）が設置されている。なお，本件駐車場の東側にも側溝（以下「本件側溝2」という。）が設置されている。

本件私道は，その北端で道路と接続しており，この接続部分では，甲1土地側及び甲2土地側が共に隅切り形状となっている。

2 甲2土地は，住居用建物の敷地（以下「本件住居用敷地」という。）として利用されている。本件住居用敷地の北側部分には，コンクリートブロック塀及びコンクリート製の三和土（以下「本件三和土」という。）が設置されている。また，本件住居用敷地の西側部分にもコンクリートブロック塀が設置されており，このコンクリートブロック塀の西側には側溝（以下「本件側溝3」とい

う。）が設置されている。

　甲2土地の南側隣接地である1138番4は，住居用建物の敷地として甲2土地と一体的に利用されている。1138番4の南側部分には，コンクリートブロック塀（以下「本件ブロック塀」という。）が設置されている。

3　1549番34，本件対側地及び1559番2は，住居用建物の敷地として利用されており，道路に面した南側の部分にはコンクリートブロック塀などの囲障（以下「本件対側囲障」という。）が設置されている。1549番59は私道である。

4　本件側溝1，本件三和土及び本件対側囲障などの現況構造物を道路の路肩の位置とすると，甲全土地と本件対側地との間に存する道路（以下，現況構造物等を路肩の位置とする道路を「本件現況道路」という。）の幅員は，おおよそ3.3mないし4.4mとなり，本件里道の幅員2.73mよりも広くなっている。

　このことから，本件現況道路の双方又は一方の路肩付近には民有地が存することになる。

5　別紙検討図（以下，検討図の各点については点名のみで表記する。）のとおり，本件現況道路は緩やかに曲がっており，本件私道はK14点及びA22点の位置で折れている。

　なお，本件現況道路の路肩付近における土地利用状況は，現況構造物の設置状況に基づいて区分されている。

6　A197点，K1点，K10点（既設），K11点（既設）及びK12点の位置には金属鋲が，K3点，K4点，K5点，K9点，K13点及びK14点の位置には金属プレートが，K15点の位置には方向金属プレートが，K2点（既設）の位置にはコンクリート杭がそれぞれ設置されている。

第4　本件全筆界の検討及び判断

1　対象土地周辺の筆界等を示す資料について

(1)　地図に準ずる図面

　　○○法務局○○支局（以下「管轄登記所」という。）には，不動産登記法第14条第4項の地図に準ずる図面（以下「本件公図」という。）及び本件公図の原図である和紙で作成された図面が備え付けられている。

　　本件公図における対象土地を含む周辺の土地の位置・形状及び地番配列は，現況とおおむね合致している。

(2) 分筆申告図
　ア　昭和26年○月○日，1138番が1138番1及び1138番2に分筆した際の分筆申告図（以下「本件申告図1」という。）が管轄登記所に保管されている。本件申告図1には，求積方法の記載はないが，方位・縮尺のほか，辺長の記載がある。
　イ　昭和36年○月○日，1138番2が1138番2及び甲2土地に分筆した際の分筆申告図（以下「本件申告図2」という。）が○○市に保管されている。本件申告図2には，1138番2が残地処理であるが，方位・縮尺のほか，甲2土地の辺長及び求積結果が記載されている。
　ウ　本件申告図1及び同2においては，本件全筆界の折れ点の数が相違しているが，本件全筆界の線形は緩やかに曲がっている。
(3) 地積測量図（管轄登記所備付け）
　ア　昭和44年○月○日，1138番2が甲1土地及び1138番4ないし1138番8に分筆した際の地積測量図（以下「昭和44年測量図」という。）には，1138番4ないし1138番8の辺長，三斜法による求積結果が記載されている。また，昭和44年測量図における甲1土地は，残地処理であり，辺長の記載がないが，甲1土地の東側筆界の線形は，K14点の位置で折れている本件私道の形状と整合している。

　　　なお，本件ブロック塀を基線に，本件申告図2及び昭和44年測量図にににおける甲2土地及び1138番4の区画を現地に復元すると，別紙検討図の「本件申告図2及び昭和44年測量図復元線」となるが，同復元線における本件筆界2と現況とは合致していない。
　イ　平成10年○月○日，関係土地2の地積更正の際の地積測量図（以下「平成10年測量図」という。）には，辺長，引照点，境界標及び三斜法による求積結果が記載されている。
　　　平成10年測量図における関係土地2と本件里道との筆界は緩やかに曲がっている。
　ウ　平成11年○月○日，1136番8が1136番8及び1136番16に分筆した際の地積測量図（以下「平成11年測量図」という。）には，関係土地1が残地処理であり，関係土地1の東側筆界の辺長及び関係土地1と本件里道との筆界の辺長（一部）の記載はないが，1136番16の辺長，座標法による求積結果及び引照点の記載がある。また，平成11年測量図には，関係土地

　　　　1と甲1土地との筆界の南端の境界標の種類として，コンクリート杭の記載がある。

　　　　平成11年測量図における関係土地1と本件里道との筆界は緩やかに曲がっている。

(4) 官民境界明示図（○○市保管）

　ア　関係土地1及び1136番16と本件里道との境界，1549番68，1549番112，1549番106及び1549番11と本件里道との境界に関する境界確定図（平成5年○月○日○○市○○○第○号。以下「平成5年明示図」という。）には，明示線（以下「平成5年明示線」という。）の辺長，多角点，引照点及び境界点の座標値が記載されている。また，現況構造物などの細部についても記載されている。

　　　平成5年明示図によれば，本件里道の幅員を2.73mとしている。

　　　平成5年明示線は，現況構造物に抵触せず，緩やかに曲がっている。また，本件現況道路における平成5年明示線の位置関係から，本件現況道路の双方の路肩付近には民有地が存することになる。

　イ　関係土地2と本件里道との官民境界に関する境界確定図（平成10年○月○日○○市○○○第○号。以下「平成10年明示図」という。）には，明示線（以下「平成10年明示線」という。），辺長，引照点及び境界点の座標値が記載されている。また，現況構造物などの細部についても記載されている。

　　　平成10年明示図によれば，本件里道の幅員を2.73mとしている。

　　　平成10年明示線は，現況構造物に抵触せず，緩やかに曲がっている。

　　　また，平成10年明示線は，その辺長，引照点及び境界点から，平成10年測量図における関係土地2と本件里道との筆界と整合していることが認められる。

(5) 筆界確認書

　ア　甲1土地と関係土地1との筆界に関する平成27年○月○日付け筆界確認書（以下「本件筆界確認書」という。）によれば，当該筆界を，K1点とK2点を直線で結んだ線としている。

　　　K2点の位置に設置されているコンクリート杭は，平成11年測量図における境界標の種類（コンクリート杭）と合致している。

　イ　甲1土地と甲2土地及び1138番4との筆界に関する平成27年○月○日付け筆界確認書によれば，当該筆界を，本件側溝3に沿った線となるK

13点，K14点及びK15点の各点を順次直線で結んだ線，並びにK14点を始点としてK14点とK15点を直線で結んだ線の延長線上としている。なお，上記の筆界線は，本件私道の形状と整合しているが，本件里道との接点は未確定である。

2 本件全筆界の検討

本件全筆界は，農地（畑）と里道との筆界として創設された筆界である。しかしながら，現況においては，地形的な特徴としての本件里道の緩やかな曲がりが，本件現況道路の緩やかな曲がりとして残されているものの，甲土地等の農地が埋め立てられて住宅地等に整地されているため，農地と里道との段差などの地形上又は土地利用上の変化地点は失われている。

本件全筆界の検討に当たっては，上記の変化地点を考慮することができないから，その他の資料を検討するとともに，本件里道の幅員2.73m及び現況構造物の設置状況を考慮して，本件全筆界の位置を特定することになる。

なお，本件全筆界の検討に当たっては，申請人が提出した測量成果を基に作成した別紙検討図（なお，申請人提出の測量成果については，点検を経た上で採用している。）を用いる。

(1) 本件全筆界の西端点について

上記1(3)アのとおり，本件全筆界の西端点に関しては，既明示点（平成5年明示線の東端点）が存する。平成5年明示図に基づき平成5年明示線の東端点を現地に復元すると，別紙検討図の「平成5年明示復元線」のK1点となる。K1点の位置は，本件筆界確認書における関係当事者の筆界認識とも合致しており，本件全筆界の西端点として相当である。

(2) 本件全筆界の東端点について

上記1(3)イのとおり，本件全筆界の東端点に関しては，既明示点（平成10年明示線の西端点）が存する。平成10年明示図に基づき平成10年明示線の西端点を現地に復元すると，別紙検討図の「平成10年明示復元線」のA197点となる。A197点の位置は，平成10年測量図とも整合しており，本件全筆界の東端点として相当である。

(3) 本件現況道路の路肩付近における民有地の存在について

本件現況道路において，K1点及びA197点を基点に，本件里道の幅員2.73mを確保した位置がP3点及びP4点である。

本件現況道路における平成5年明示線の位置関係及びK1点，A197点，P3点及びP4点の各点の位置関係から，本件現況道路の双方の路肩付近には，民有地の存在が認められる。

(4) 本件全筆界の復元

　ア　P6点は，K1点を基点とする本件側溝1とおおむね平行となる線と，本件側溝2に沿った線であるA22点とA236点を直線で結んだ線の延長線との交点である。

　イ　P1点は，A197点を基点とする本件三和土とおおむね平行となる線と，本件側溝3に沿った線であるK14点とK15点を直線で結んだ線の延長線との交点である。

　ウ　本件全筆界をK1点，P6点，P1点及びA197点の各点を順次直線で結んだ線とすれば，別紙検討図のとおり，本件里道の幅員2.73mを確保した位置が本件対側囲障に抵触せず，本件現況道路の緩やかな曲がりに沿っており，本件公図を含む各資料における本件全筆界の線形と整合することからも妥当性が認められる。

3　本件全筆界の特定

以上のことから，本件全筆界は，K1点，P6点，P1点及びA197点の各点を順次直線で結んだ線とするのが相当である。

なお，K1点，P6点，P1点及びA197点を，筆界特定図面のH1点，H2点，H3点及びH4点とする。

第5　結　語

以上により，各対象土地の筆界を結論のとおり特定する。

なお，筆界調査委員の意見も同旨である。

　　平成○○年○月○日
　　　　　　　　　　○○法務局
　　　　　　　　　　　筆界特定登記官　○　○　○　○

第1編 原始筆界

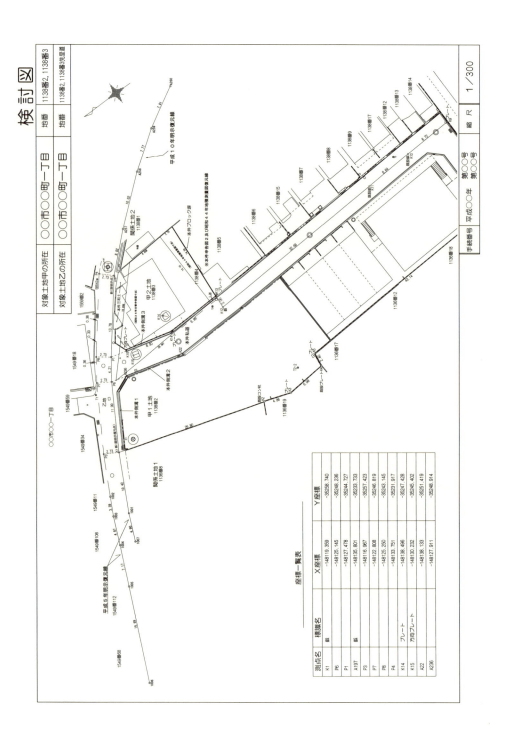

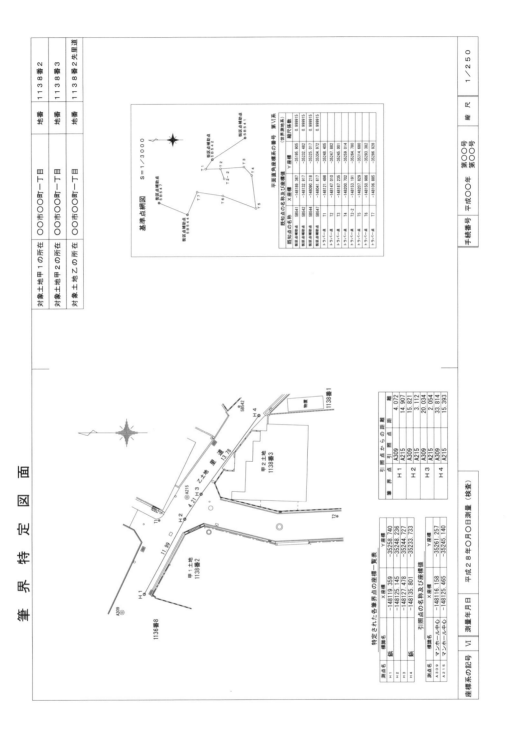

第 2 編

分筆筆界

事例 9

分筆により創設された筆界について，申請人が提出した測量成果を，点検を経て採用し，作成した検討図，地積測量図及び現地の占有状況等を総合的に判断して特定した事例

　本件は，申請人が，対象土地Ａと対象土地Ｂとの筆界（以下「本件筆界」という。）を確認する必要があったところ，対象土地Ｂの所有権登記名義人の協力が得られなかったことから，本件筆界の特定を求めて申請された事案である。

　本件筆界は，昭和45年○月の対象土地Ａ及びＢの分筆（以下「本件分筆」という。）により創設された筆界であり，管轄登記所には，本件分筆に係る地積測量図（以下「本件測量図」という。），地図に準ずる図面が備え付けられており，地図に準ずる図面における対象土地周辺の位置形状及び地番の配列は，現況とおおむね合致している。

　本件測量図には，本件分筆に係る各分筆地の筆界辺長及び三斜法による求積面積が記載されている。また，対象土地を含む街区の隣接地が分筆された際に作成された地積測量図（以下「隣接地測量図」という。）があり，これは，世界測地系座標により作成されていることから，その位置の復元が可能であり，現地においては，隣接地測量図に表記された境界標が，一部確認できる。

　そこで，本件測量図及び隣接地測量図を同縮尺で重ね合わせた図面に，申請人が提出し検査を経て採用した意見書図面を合成した検討図を用いた上で，本件測量図に基づき現地を復元し，現地の占有状況等を踏まえて，本件筆界を特定したものである。

筆 界 特 定 書

手 続 番 号　　平成○○年第○○号
対 象 土 地　　甲　○○市○○二丁目1209番20
　　　　　　　　　（以下「甲土地」という。）

乙　〇〇市〇〇二丁目1209番21

(以下「乙土地」という。)

〇〇市〇〇区〇〇町110番地5

(登記記録上の住所　〇〇府〇〇市〇〇二丁目115番5号)

申　請　人　　〇　〇　〇　〇

申請人代理人　　土地家屋調査士　〇　〇　〇　〇

筆界調査委員　　〇　〇　〇　〇

調査補助職員　　〇　〇　〇　〇

上記対象土地について，次のとおり筆界を特定する。

結　論

甲土地と乙土地との筆界は，別紙筆界特定図面のＨ１点とＨ２点を直線で結んだ線上又はその延長線上であると特定する。

理由の要旨

第1　前提事実

1　甲土地は，申請人が，平成11年〇月〇日，相続を原因として所有権を取得している。

2　乙土地は，〇〇〇〇，〇〇〇〇及び〇〇〇〇が，昭和52年〇月〇日，売買を原因として所有権を取得している。

　なお，〇〇〇〇及び〇〇〇〇は，既に死亡しているが，その相続登記は未了である。

3　申請人は，甲土地を売却するに当たり，甲土地と乙土地の筆界(以下「本件筆界」という。)を確認する必要があるところ，〇〇〇〇の協力が得られず，

当該筆界の確認ができなかったとして、その特定を求めたものである。

第2　申請人の主張

本件筆界は、本件筆界特定申請書添付の筆界特定意見書図面の601点と602点を直線で結んだ線である。

その根拠は、甲土地及び乙土地に存する両建物の外壁間の中心線であり、その位置は、現存する構造物を基準にして地積測量図を復元した結果ともほぼ合致する。

第3　対象土地等

1　対象土地付近の状況について

(1) 対象土地を含む街区（以下「本件街区」という。）は、○○市○○二丁目（以下、同町名の土地については、地番のみを表記する。）1209番及び1212番を本番とする土地により形成されており、その北側は○○市が管理する水路（以下「本件水路」という。）、その東側は○○土地改良区が管理する○○川が位置している。

(2) 本件水路はコンクリートにより整備されており、その流水面幅は約30cmである。また、本件水路につき約1.5mの幅員を確保した位置には擁壁がそれぞれ構築されており、本件水路とそれに隣接する各土地との占有状況は明確である。

(3) 甲土地は、主に家屋番号1209番20の建物（以下「甲建物」という。）の敷地として利用されている。

(4) 乙土地は、主に家屋番号1209番21の建物（以下「乙建物」という。）の敷地として利用されている。

なお、乙建物及び甲建物の登記記録上の新築年月日は、いずれも昭和45年○月○日である。

(5) 本件筆界付近には、甲土地側及び乙土地側双方に、高さをほぼ同じくするコンクリート製のブロック塀が施工されており、当該ブロック塀間の距離は約50cmである。

2 対象土地周辺の分合筆等の経緯について

対象土地周辺における分合筆等の経緯は，以下のとおりである。

なお，対象土地周辺は，昭和43年○月○日，○○市大字○○から同市○○二丁目に町名変更されている。

(1) 昭和45年○月○日，1209番が同番1及び同番2に分筆（以下，当該分筆前の1209番の土地を「元1209番」という。）

(2) 同日，1209番1が，同番1及び同番3から同番19まで分筆

(3) 同日，1209番2が，同番2及び同番20から同番42まで分筆（以下，当該分筆を「本件分筆」という。）

3 本件筆界創設の経緯等について

本件筆界は，上記(3)の本件分筆により創設された筆界であり，○○法務局○○支局（以下「管轄登記所」という。）には，上記(1)ないし(3)の分筆に係る地積測量図が備え付けられている（以下，上記(3)の本件分筆に係る地積測量図を「本件測量図」という。）。

第4 本件筆界の検討

1 対象土地周辺の筆界等を示す資料

(1) 地図に準ずる図面

　管轄登記所には，不動産登記法第14条第4項に規定する地図に準ずる図面が備え付けられており，当該図面における対象土地周辺の土地の位置形状及び地番配列は，現況とおおむね合致している。

(2) 地積測量図

ア　本件測量図

　本件測量図には，本件分筆に係る各分筆地の筆界辺長及び三斜法による求積面積がそれぞれ記載されており（残地である1209番2を除く。），本件筆界は，辺長16.15mの直線の線形で描画されている。

　なお，本件測量図において，元1209番西側に隣接する土地は1208番と表記されているが，当該土地は平成17年に1208番1ないし同番4に分筆後，1208番1は1207番3に合筆されている。

イ　1207番3に係る地積測量図

管轄登記所には，平成18年〇月〇日，本件街区の西側隣接地である1207番3が同番3及び同番6ないし同番9に分筆された際に作成された地積測量図（以下「1207番3測量図」という。）が備え付けられている。

1207番3測量図は世界測地系座標により作成されており，その位置の復元が可能であるほか，現地においては，同測量図に表記された境界標が一部確認できる。

2 本件筆界の復元

本件筆界は，昭和45年〇月〇日の本件分筆により創設された筆界であることから，当該分筆に伴い作成された本件測量図に基づき現地を復元し，現地の占有状況等も踏まえて特定するのが相当である。

(1) 基点及び基線の検討

ア 1207番3測量図における分筆地の東側筆界（同測量図の1319点，3143点，3155点，3144点，3145点，3157点，3146点，3159点，3147点，3148点，3161点及び3163点の各点を順次直線で結んだ線）は，元1209番と1207番を本番とする土地との筆界（以下「元1209番筆界」という。）に相当しており，その辺長及び形状は，本件測量図における1209番37ないし同番41の各東側筆界と整合している。

イ したがって，本件測量図及び1207番3測量図に記載された元1209番筆界は同一位置にあると認められ，現地復元性を有する1207番3測量図及び境界標により，その位置を復元することが可能であることから，本件測量図を現地に復元するに当たっては，1207番3測量図において，元1209番筆界に相当する後記検討図の3143点，3155点，3144点，3145点，3157点，3146点，3159点，3147点，3148点，3161点及び3163点の各点を順次直線で結んだ線（以下「本件基線」という。）をその基線とするのが相当である。

(2) 本件筆界の復元

ア 本件測量図及び1207番3測量図を，上記(1)の本件基線を基線にして，同縮尺で重ね合わせ，同図面に申請人代理人が平成26年〇月〇日付けで作成した筆界特定書意見書図面（ただし，検証に必要のない表記は省略している。）を合成した別紙検討図（以下，同図面上の点については点番のみ表記する。）を作成する。

イ　別紙検討図において，本件筆界の両端点として復元したA点及びB点と申請人が本件筆界の両端点と主張する601点及び602点の位置を比較したところ，その東西方向の位置誤差は不動産登記規則（平成17年2月18日法務省令18号）第10条第4項第1号（国土調査法施行令別表第四）の精度区分甲2の範囲内にあるほか，A点とB点間の辺長（16.15m。本件測量図記載の本件筆界の辺長）と601点と602点間の距離（16.13m）はほぼ合致する。（なお，上記申請人代理人提出の筆界特定書意見書図面に係る測量成果については，検査を経た上で採用したものである。）。

3　本件筆界の特定

以上のとおり，申請人が本件筆界と主張する601点と602点を直線で結んだ線は，本件測量図により復元した本件筆界の位置ともほぼ整合し，かつ，本件分筆直後に建築された甲建物及び乙建物の各外壁間の中心線に相当する位置にある。

したがって，本件筆界は601点と602点を直線で結んだ線と認めるのが相当であるところ，本件手続が，甲土地と本件水路及び1209番30との筆界の特定を求めるものではないことから，本件筆界の両端点についてはいずれも方向線上の筆界点とするのが相当である。

なお，別紙検討図の601点及び602点を，別紙筆界特定図面においては，H1点及びH2点とする。

第5　結　語

以上により，対象土地の筆界は，結論のとおり特定する。
なお，筆界調査委員の意見も同旨である。

　　平成○○年○月○日
　　　　　　　　○○法務局
　　　　　　　　　筆界特定登記官　　○　○　○　○

事例9

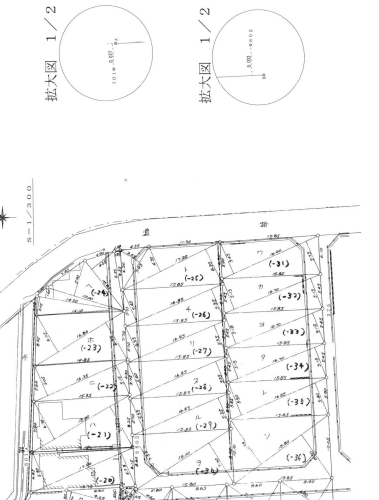

検討図
〇〇市〇〇二丁目1209番20ほか

88　第2編　分筆筆界

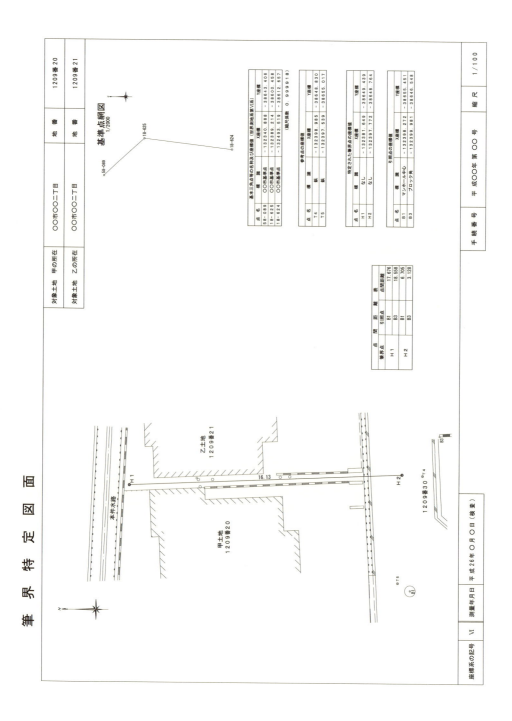

事例 10

分筆により創設された筆界について，申請人が提出した測量成果を，点検を経て採用し，作成した検討図，地積測量図及び現地の境界標の設置状況等を総合的に判断して特定した事例

　本件は，申請人が，対象土地Ａの筆界を確認するための測量をするに当たり，対象土地Ｂの関係人に，対象土地Ａと対象土地Ｂとの筆界（以下「本件筆界」という。）について確認を求めたところ，意見が相違したとして，本件筆界の特定を求めて申請された事案である。

　対象土地を含む街区（以下「本件街区」という。）は，耕地整理による換地処分により創設された土地であり，市が所有・管理する道路に囲まれている。本件筆界は，換地処分後の対象土地の分筆により創設された筆界である。

　本件筆界を示す資料としては，地積測量図，地図に準ずる図面があり，地図に準ずる図面における対象土地周辺の位置，形状及び地番の配列は，現況と合致している。また，換地処分により作成された確定図，道路区域線調査図が存在し，境界標として，石杭及びコンクリート杭が設置されている。

　そこで，申請人から提供された実測成果を，検査を経て採用し，これを基に作成した検討図を用い，道路区域線調査図における本件街区の外周の道路区域線をもって街区外周筆界とした上で，境界標である石杭を基点とし，道路区域線と平行となる線を基線として本件筆界を復元し，特定したものである。

筆 界 特 定 書

　　手 続 番 号　　平成○○年第○○号
　　対 象 土 地　　甲　○○市○○区○○三丁目165番13
　　　　　　　　　　（以下「甲土地」という。）
　　　　　　　　乙　○○市○○区○○三丁目165番12
　　　　　　　　　　（以下「乙土地」という。）

申　請　人　　　〇〇市〇〇区〇〇町七丁目15番5－〇号
　　　　　　　　〇　〇　〇　〇
申請人代理人　　土地家屋調査士　〇　〇　〇　〇

筆界調査委員　　〇　〇　〇　〇
補助担当職員　　〇　〇　〇　〇

　上記対象土地について，次のとおり筆界を特定する。

結　　論

　甲土地と乙土地との筆界は，別紙筆界特定図面中，H1点を始点として，H1点とH2点を直線で結んだ線上にあると特定する。

理由の要旨

第1　前提事実

1　対象土地は，昭和4年〇月〇日，耕地整理による換地処分（以下「本件換地処分」という。）が施行された地域である。
2　甲土地と乙土地の筆界（以下「本件筆界」という。）は，本件換地処分によって創設された土地が，その後に分筆したことにより創設された筆界である。
3　申請人は，平成9年〇月〇日，遺贈により甲土地の所有権を取得している。
4　乙土地の所有権登記名義人（以下「乙土地関係人」という。）は，昭和58年〇月〇日，売買により乙土地の所有権を取得している。
5　申請人は，甲土地の筆界を確定するための測量をするに当たり，乙土地関係人に確認を求めたところ，本件筆界についての意見が相違したとして，本件筆界の特定を求めたものである。

第2　申請人の主張

　本件筆界は，本件筆界特定申請書添付の主張図面兼検討図面（以下「申請人主張図面」という。）のＰ16点とＰ2点を直線で結んだ線である。

　その根拠は，既存の境界標を基に地積測量図を復元した結果である。

第3　対象土地周辺の分筆等の経緯及び現況

　対象土地周辺は，昭和55年○月○日，○○市○○区○○町五丁目から○○市○○区○○三丁目（以下，町名変更前後の同所に所在する土地については，地番のみで表記する。）に町名変更されている。

1　対象土地周辺の現況について
　(1)　本件換地処分により形成された，対象土地を含む街区（以下「本件街区」という。）は，○○市が所有・管理する道路（以下「本件道路」という。）に囲まれている。
　(2)　街区内の東側部分は，○○市により買収されており，公衆用道路として利用されている。
　(3)　対象土地付近は平たんな住宅地であり，甲土地は駐車場として，乙土地は住居用建物の敷地として利用されている。

2　分筆等の経緯について
　(1)　昭和4年○月○日，本件換地処分により126番の土地が創設
　(2)　昭和6年○月○日，126番が165番に地番変更
　(3)　昭和53年○月○日，165番が同番1から同番3に分筆（以下当該分筆前の165番を「元165番」といい，当該分筆を「本件分筆1」という。）した後，昭和60年○月○日，165番2が，同番13（甲土地）に地番変更
　(4)　昭和55年○月○日，165番3が，同番3及び同番4に分筆（以下「本件分筆2」という。）
　(5)　昭和58年○月○日，165番3が，同番3，同番11及び同番12（乙土地）に分筆（以下当該分筆前の165番3を「元165番3」という。）
　(6)　昭和50年から昭和63年にかけて，上記1(2)記載の東側部分が順次分筆

第4　本件筆界の検討及び判断

1　本件筆界を示す資料

(1) 地図に準ずる図面

○○法務局○○出張所（以下「管轄登記所」という。）には，対象土地及びその周辺の土地についての不動産登記法第14条第4項に規定する地図に準ずる図面（以下「本件公図」という。）が備え付けられており，本件公図における対象土地及び周辺土地の位置，形状及び地番配列は現況と合致している。

(2) 地積測量図

管轄登記所には，前記第3の2(3)から(6)に関する地積測量図が備え付けられている。なお前記2(3)に関する地積測量図を以下「本件測量図1」，前記2(4)に関する地積測量図を以下「本件測量図2」，前記2(6)に関する地積測量図を以下「東側部分測量図」という。

ア　本件測量図1は，分筆後の165番2及び同番3について，各筆界の辺長，三斜法による求積方法等が記載され，また，残地である165番1を含め境界標が表記されていることから，現地復元性を有する図面といえる。

イ　本件測量図2は，分筆後の各土地について，各筆界の辺長及び境界標並びに各筆界の座標値が記載されていることから，現地復元性を有する図面といえる。

(3) 本件換地処分に係る図面

○○市には，本件換地処分により作成された図面の写し（以下「本件確定図」という。）が保管されており，同図面には，本件街区内の各土地の筆界辺長が「間」単位で小数点以下第2位まで表記されているほか本件道路の幅員が記載されている。

(4) 本件道路に係る図面

○○市には，本件道路の道路区域に関し，その範囲を幅員，距離等で公示する○○市認定道路区域線調査図（以下「道路区域線調査図」という。）及び甲土地と北側道路との境界につき，平成26年○月○日付け○○○第○号道路区域・市有地境界明示図が保管されている。

(5) 境界標

ア　元165番の北東角，南西角及び北西隅切り角2か所の合計4か所に石杭が設置されている（これら4か所の石杭を併せて，以下「元165番石杭」という。）。元165番石杭は，本件測量図1及び本件測量図2に記載されている境界標と，位置及び種類ともに一致することに加え，経年による劣化の状況からすると，本件分筆1がされた時には既に現地に存在していたことが推認できる。

イ　甲土地，165番4及び163番15の三筆交点付近にコンクリート杭（申請人主張図面の22点。以下「甲土地南西角コンクリート杭」という。）が設置されている。

2　本件街区の検証

以下の検討に当たっては，申請人代理人提出の実測成果を基に作成した検討図1及び検討図2を用いる。なお，同検討図は，申請人代理人から提供された実測成果を検査した上，採用したものである。

道路区域線調査図における本件街区の外周の道路区域線と，本件確定図における本件街区の外周筆界（以下「街区外周筆界」という。）について各辺長を比較すると，検討図1のとおり，その較差はいずれも不動産登記規則（平成17年2月18日法務省令18号）第10条第4項第1号の精度区分甲2（以下「公差」という。）の範囲内であることが認められることから，道路区域線調査図における本件街区の外周の道路区域線をもって，街区外周筆界とすることが相当である（なお，検討図1では，本件換地処分がされた当初の街区のうち，○○市が買収した東側部分に係る道路区域線調査図における辺長には，東側部分測量図に記載されている該当部分の辺長を加算した。）。

3　本件筆界の復元

本件筆界は，本件分筆1により創設され，その後，本件分筆2が行われた筆界であることから，本件筆界の特定は本件測量図1及び本件測量図2を復元することが基本となるところ，各地積測量図に元165番石杭が境界標として記載されていることから判断すると，どちらの分筆についても，元165番石杭を基点として分筆がされていることが認められる。

なお，本件筆界の復元に当たっては，街区外周筆界と判断した道路区域線と元165番石杭との間に僅かな位置の差が見られるが，本件測量図1及び本

件測量図2は元165番石杭を基準にして測量されていることが認められることから，元165番石杭を基点とし，道路区域線と平行となる線を基線としてその位置を特定するのが相当であり，現に存する境界標の配置を示した検討図2を参考に，本件筆界の復元を行う。

(1) 本件筆界の北端点の検討

本件測量図1によると，本件筆界の北端点は，元165番の北西角隅切りの石杭から北東角石杭へ向かって，13.170mの辺長を確保した位置にあることから，検討図2において，石杭7点から石杭65点へ向かって当該辺長を確保した位置はA20点となる。

(2) 本件筆界の南端点の検討

ア 甲土地の南西角の筆界点が検討図2における22点のコンクリート杭であることについて，申請人及び乙土地関係人の認識は一致している。そこで，本件測量図2に表記されている28点のコンクリート杭が検討図2における22点の甲土地南西角コンクリート杭であると仮定すると，検討図2において，22点とA20点を直線で結んだ実測辺長及び22点と石杭3点とを直線で結んだ実測辺長は，本件測量図1に記載された各辺長とほぼ一致する。

よって，22点のコンクリート杭は本件測量図2に表記されている28点のコンクリート杭と同一であると認められる。

イ 本件測量図2によると，本件筆界の南端点は，22点からA20点に向かって5.861mの辺長を確保した位置にあることから，検討図2において当該辺長を確保した位置がA23点となる。

4 面積による検証

石杭3点から石杭8点方向に，本件測量図2に表記されている辺長5.828mを確保した位置をA22点とし，上記3(1)及び(2)で復元した各点を基に，甲土地，元165番3及び165番4の面積を求めると，甲土地は171.39㎡，元165番3は279.31㎡，165番4は87.72㎡となり，甲土地の登記記録上の面積（171.21㎡），元165番3の登記記録上の面積（279.17㎡）及び165番4の登記記録上の面積（87.78㎡）との較差は，いずれも公差の範囲内であることが認められる。

5 **本件筆界の特定**

　以上のとおり，本件筆界は，検討図2のA23点とA20点とを直線で結んだ線と認められるところ，本件筆界特定申請が対象土地北側の道路との筆界を求めるものではないことから，A20点については方向を示すにとどめる。

　したがって，本件筆界は，検討図2のA23点を始点として，A23点とA20点を直線で結んだ線上にあると認めるのが相当である。

　なお，検討図2のA23点及びA20点を，筆界特定図面においては，H1点及びH2点とする。

第5　結　語

　以上により，対象土地の筆界は，結論のとおり特定する。

　なお，筆界調査委員の意見もほぼ同旨である。

　　平成○○年○月○日
　　　　　　　　　○○法務局
　　　　　　　　　　　筆界特定登記官　　○　○　○　○

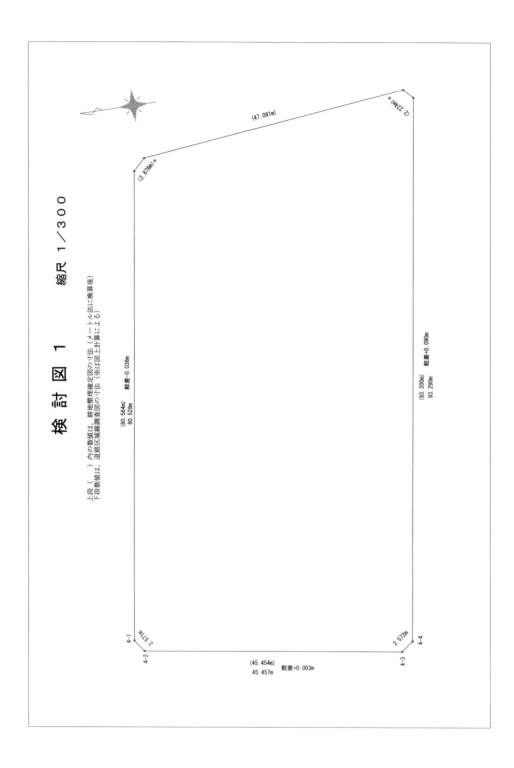

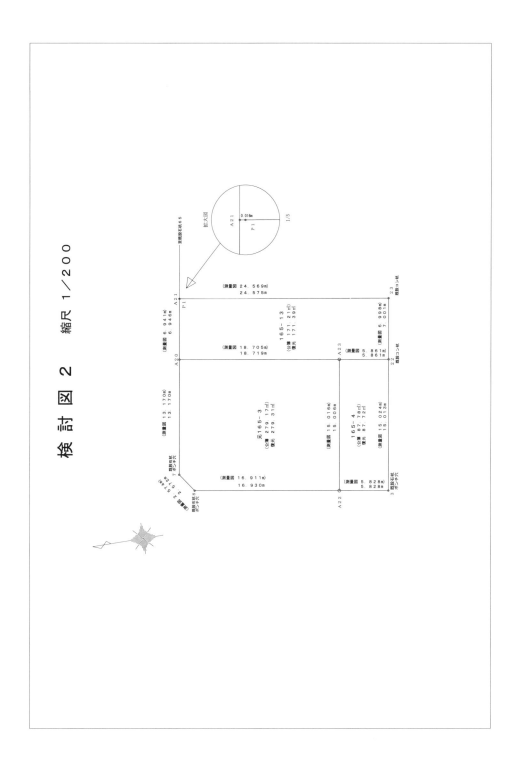

第 2 編 分筆筆界

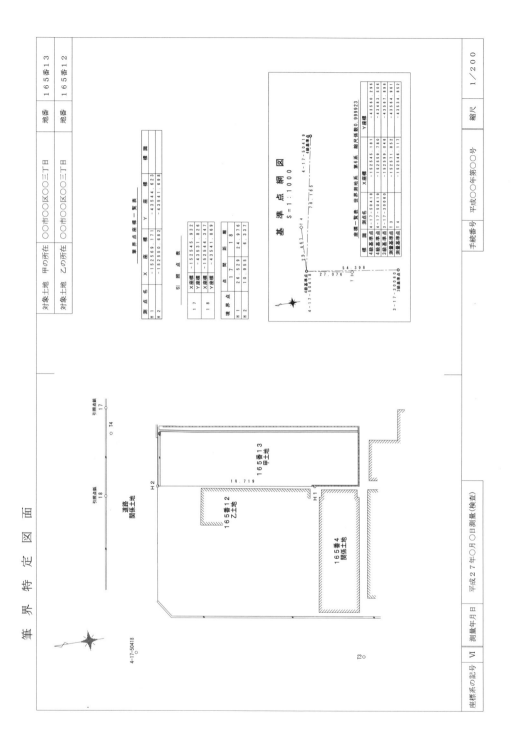

事例 11

分筆により創設された筆界について，申請人が提出した測量成果を，点検を経て採用し，作成した検討図，地図に準ずる図面，地積測量図，官民境界確定図，筆界確認書，境界標識及び現地構造物の設置状況等を総合的に考慮して特定した事例

　本件は，申請人が，対象土地Aを分筆するに当たり，対象土地Bとの筆界（以下「本件筆界」という。）を確認する必要があったところ，対象土地Bの所有権登記名義人の相続人の所在が知れず，本件筆界について確認することができなかったことから，特定を求めて申請された事案である。

　本件筆界は，昭和44年○月に，対象土地Bが，対象土地Aから分筆（以下「本件分筆」という。）されたことにより創設された筆界であり，管轄登記所には，本件分筆に係る地積測量図（以下「本件測量図」という。），地図に準ずる図面が備え付けられており，地図に準ずる図面における対象土地周辺の位置，形状及び地番の配列は，現況とおおむね合致している。また，対象土地Aと市が所有・管理する道路との官民境界に関する境界確定図，本件分筆により創設された関係土地等と対象土地Aとの筆界に関する筆界確認書が存在する。

　本件測量図には，本件分筆により形成された各土地について，本件筆界及び対象土地Bの西側筆界を除き全ての辺長が記載されており，本件筆界が直線であることが認められるが，現地復元性を有する図面とはいえない。

　そこで，申請人から提供された実測成果を，検査を経て採用し，これを基に作成した検討図を用いた上で，地図に準ずる図面，地積測量図，官民境界確定図，筆界確認書，境界標識及び現地構造物の設置状況等を総合的に考慮して，本件筆界を特定したものである。

筆 界 特 定 書

　手 続 番 号　　平成○○年第○○号
　対 象 土 地　　甲　○○市○○一丁目115番8

(以下「甲土地」という。)
乙　〇〇市〇〇一丁目115番71
(以下「乙土地」という。)

申　請　人　　〇〇府〇〇市〇〇町二丁目110番31号
　　　　　　　株式会社〇〇〇〇〇〇

申請人代理人　土地家屋調査士　〇　〇　〇　〇

筆界調査委員　〇　〇　〇　〇
調査補助職員　〇　〇　〇　〇

上記対象土地について，次のとおり筆界を特定する。

結　　論

　甲土地と乙土地との筆界は，別紙筆界特定図面のＨ１点とＨ２点を直線で結んだ線上であると特定する。

理由の要旨

第1　前提事実

1　甲土地と乙土地との筆界（以下「本件筆界」という。）は，昭和44年〇月〇日，〇〇市〇〇一丁目115番8（以下，同所に所在する土地については，地番のみで表記する。）を同番8，同番70及び同番71に分筆（以下「本件分筆」という。）したことにより創設された筆界である。

2　申請人は，甲土地を分筆するに当たり，本件筆界を確認する必要があるところ，乙土地の登記名義人の相続人の所在が知れず，本件筆界について確認することができなかったことから，本件筆界の特定を求めたものである。

第2　申請人の意見

　本件筆界は，本件筆界特定申請書添付の参考図1（以下「申請人主張図面」という。）のK．2－1点とK．3点を結んだ線である。

　その根拠は，既存境界標識及び筆界確認書等を基に甲土地に係る地積測量図を復元した結果である。

第3　現地の状況及び分筆等の経緯

1　対象土地周辺の現況及び構造物について

(1)　乙土地は居住用建物の敷地として利用され，甲土地は空き地である。

(2)　甲土地の北側，東側及び南側には申請人主張図面のとおり，コンクリートブロック積み（以下，北側のブロック積みを「本件ブロック積み」といい，東側のブロック積みを「東側ブロック積み」といい，南側のブロック積みを「南側ブロック積み」という。）が設置されている。

　　なお，上記各ブロック積みは，その劣化状況から，設置後，相当の年数が経過していることがうかがえる。

(3)　対象土地の西側は，○○市が所有・管理する道路（以下「本件道路」という。）である。

(4)　甲土地の北東角に隣接する道路（以下「本件私道」という。）は，甲土地の北東角から東方向に接道しており，当該道路は，道路の両側に隣接する各土地の一部を提供している。

2　分筆等の経緯及び地積測量図の備付け状況

　対象土地周辺の土地に係る分筆等の経緯は次のとおりである。

(1)　本件分筆（以下，本件分筆により創設された115番70を「関係土地」という。）

(2)　昭和44年○月○日，115番8が，同番8，同番73ないし同番77に分筆

(3)　昭和44年○月○日，115番73及び同番74が115番8に合筆

(4)　同日，115番8が，同番8（甲土地），同番78及び同番79に分筆

(5)　昭和46年○月○日，115番8（甲土地）が，地積の更正

(6)　平成4年○月○日，115番209が，同番209，同番226及び同番227に分筆（以下，分筆前の土地を「分筆前115番209」という。）

(7) 平成24年○月○日，115番52が，同番52，同番505及び同番506に分筆
(8) 平成26年○月○日，115番52が，同番507ないし同番509に分筆

　なお，○○法務局○○支局（以下「管轄登記所」という。）には，上記(1)，(2)及び(4)ないし(8)の分筆又は地積の更正登記に係る地積測量図が備え付けられている（以下の記述において，本件分筆に係る地積測量図を「本件測量図」，上記(4)に係る地積測量図を「115番78測量図」，上記(5)に係る地積測量図を「本件更正図」，上記(6)に係る地積測量図を「115番226測量図」，上記(7)及び(8)に係る地積測量図を「本件私道測量図」という。）。

第4　本件筆界の検討及び判断

　以下の検討及び判断に当たっては，申請人代理人が現地を測量した成果を基に作成した別紙検討図1及び検討図2を用いる（以下，同図面上の点については点名のみを表記する。）。なお，これらの検討図の作成に当たり申請人代理人の測量成果を検査し，その正確性を確認している。

1　対象土地付近の筆界を示す資料の検討
(1)　地図に準ずる図面
　　管轄登記所には，対象土地周辺の土地について不動産登記法第14条第4項に規定する地図に準ずる図面（以下「本件公図」という。）が備え付けられている。
　　本件公図によると，対象土地周辺の土地の位置，形状及び地番配列は現況とおおむね合致しており，甲土地の形状は，四角形として描画されている。
(2)　地積測量図
　ア　本件測量図
　　　本件測量図には，本件分筆により形成された各土地について，本件筆界及び乙土地の西側筆界を除き全ての辺長が記載されている。また，本件筆界が直線であることが認められる。
　イ　本件更正図
　　　本件更正図にも，本件筆界の辺長は記載されていないが，甲土地の東側筆界の辺長（11.83m）が記載されている。また，本件筆界を含む甲土

地の北側筆界，東側筆界及び南側筆界は直線であることが認められる。

なお，本件更正図における甲土地の西側筆界の線形は直線ではなく，屈曲点が1点ある「逆くの字」の形状であって，本件公図の当該筆界の線形と一致しない。

ウ　115番78測量図

115番78測量図には，甲土地の東側筆界の辺長が11.83mと記載されている。

エ　115番226測量図

115番226測量図には，甲土地，115番226及び本件道路の3筆交点に「刻ミ」と表記され，また，甲土地，115番226及び同番227の3筆交点に「コンクリート杭」と表記されており，現地においては，K1点に刻みが標され，K6点にコンクリート杭が埋設されている。

オ　本件私道測量図

本件私道測量図は，宅地部分と本件私道部分とを分筆した際の測量図であり，私道として提供されている道路部分の辺長が2mとして記載されている。

(3)　○○市が保管する資料

○○市には，甲土地と本件道路との官民境界に関する境界確定図（以下「本件官民境界確定図」という。）が保管されている。

本件官民境界確定図は，甲土地と本件道路との官民境界の南端点としてK1点，官民境界上の点としてK2点は確認されているが，甲土地，乙土地及び本件道路の3筆交点は確認されていない，いわゆる一部明示図面である。

(4)　筆界確認書

申請人は，次の筆界確認書を提出している。

ア　甲土地と関係土地との筆界に関する筆界確認書

甲土地と関係土地との筆界は，本件ブロック積みの北面に沿った線（本件ブロック積みの北面に位置するK3点と東側ブロック塀の北東角のK4点を結ぶ直線）で確認されている。

イ　甲土地と115番78との筆界に関する筆界確認書

甲土地と115番78との筆界は，東側ブロック積みの東側面に沿った線（南側ブロック積みの南東角のK5点と東側ブロック積みの北東角のK4点を結ぶ

直線）で確認されている。
　　ウ　甲土地と分筆前115番209との筆界に関する筆界確認書
　　　　甲土地と分筆前115番209との筆界は，南側ブロック積みの南面に沿った線（甲土地南側筆界の東端点を「ブロック角（Ｋ５点）」とし，西端点を「刻ミ（赤ペンキ）（Ｋ１点）」を結ぶ直線）で確認されている。

2　本件筆界に対する判断

　本件筆界は，本件分筆により創設された筆界であるから，本件測量図が本件筆界を直接表す資料となるところ，本件測量図は現地復元性を有する図面とはいえない。

　よって，本件筆界の特定に当たっては，本件公図，地積測量図，本件官民境界確定図，筆界確認書，境界標識及び現地構造物等を総合的に考慮して，本件筆界を特定するのが相当である。

(1)　本件更正図による甲土地の北側筆界の復元
　　ア　本件更正図には，境界標識の表記がなく，また，引照点及び引照点から筆界点までの距離等の表記もされていないため，本件更正図のみにより甲土地の北側筆界を復元することはできないが，上記1(4)の筆界確認書及び現地に存在する境界標識等を基に本件更正図上の甲土地の北側筆界を次のとおり，検討する。
　　イ　甲土地の南側筆界は，上記1(4)ウの筆界確認書により，南側ブロック積みのブロック角（Ｋ５点）から西方向に南側ブロック積み南面に沿った線として確認されており，また，ブロック角（Ｋ５点）は，上記1(4)イの筆界確認書により確認された甲土地の東側筆界の南端点（Ｋ５点）とも合致することから，仮に，Ｋ５点を甲土地の南側筆界の東端点とし，Ｋ５点から西方向に南側ブロック積み南面に沿った直線を甲土地の南側筆界として，本件更正図の甲土地の北側筆界を検証すると，検討図１のとおり，甲土地の北側筆界はＫ７点とＫ４点を直線で結んだ線となる。

(2)　本件私道について
　　ア　登記記録によると，本件私道に隣接する南北の土地は，もともと広大な山林であった115番８を宅地開発して分譲された土地であり，宅地分譲の計画段階から本件私道を一定幅の道路（計画道路）として設置する

ことが予定されていたものと推察される。
イ 本件測量図及び本件私道に隣接する各土地に係る地積測量図を検証すると，本件私道の中心線（北側の各土地と南側の各土地との筆界）は，東西方向の直線であり，また，本件筆界を含む甲土地の北側筆界は，本件私道の中心線と同一の直線上に位置することが認められる。
ウ 現地において本件私道の幅員は，4mであり，本件私道測量図によると，道路部分の辺長が2mとして記載されていることからすると，本件私道の幅員は，2mの土地を相互に提供し，4mとしていることが認められる。
エ 以上によると，甲土地の北側筆界の東端点が本件私道の中心線上の点と考えられることから，本件私道の中心線と本件ブロック塀の設置位置の差について検討図2のとおり検証を行った。
　検討図2は，本件私道上の中心位置を2点測量し（dt-4点とdt-1点），この2点を結ぶ直線を西方向（本件筆界の方向）に延長した線と本件ブロック塀の設置位置を検証した図面であり，復元した本件私道の道路中心線は本件ブロック積みの北面と合致する。
(3) 本件筆界について
ア 甲土地の北側筆界の東端点について
　上記(1)及び(2)の検証結果からすると，甲土地の北側筆界は，本件ブロック積みの北面に沿った線であるとするのが相当であり，その東端点については，甲土地南東角のK5点とK4点の距離（11.83m）が本件更正図及び115番78測量図の当該辺長とも合致することから，甲土地の北側筆界の東端点をK4点とするのが相当である。
イ 甲土地の北側筆界の西端点（本件筆界の西端点）について
㋐ 上記1(3)のとおり，甲土地と本件道路との境界については，K1点とK2点を直線で結んだ線をもって○○市により確認されているところ，本件官民境界確定図によると，K1点及びK2点の位置は，道路側溝であるU字溝の民有地側の端の位置であり，U字溝が本件道路内にあるものとして確認されている。
　したがって，本件筆界の西端点は，本件ブロック塀の北面を西方向に延長した線とU字溝との交点であるK2-1点とすることが想定される。

(イ) 一方，上記(1)の本件更正図の復元結果によると，甲土地の北側筆界の西端点（本件筆界の西端点）がＫ７点となり，Ｋ７点は，Ｋ２－１点とＫ４点を結ぶ線上に位置することとなり，本手続においては，甲土地，乙土地及び本件道路との３筆交点を求めるものではないことから，甲土地の北側筆界西端点は，Ｋ２－１点とＫ４点を結ぶ線上とするのが相当である。

3 **本件筆界の特定**

本手続においては，乙土地と関係土地との筆界又は乙土地と本件道路との筆界を求めるものではないことから，本件筆界をＫ２－１点とＫ４点とを直線で結んだ線上として特定するのが相当と判断する。

なお，筆界特定図面においては，Ｋ４点をＨ１点，Ｋ２－１点をＨ２点とする。

第5 結　語

以上のことから，対象土地の筆界は，結論のとおり特定するのが相当である。

なお，筆界調査委員の意見も同旨である。

　　平成○○年○月○日
　　　　　　　　　○○法務局
　　　　　　　　　筆界特定登記官　　○　○　○　○

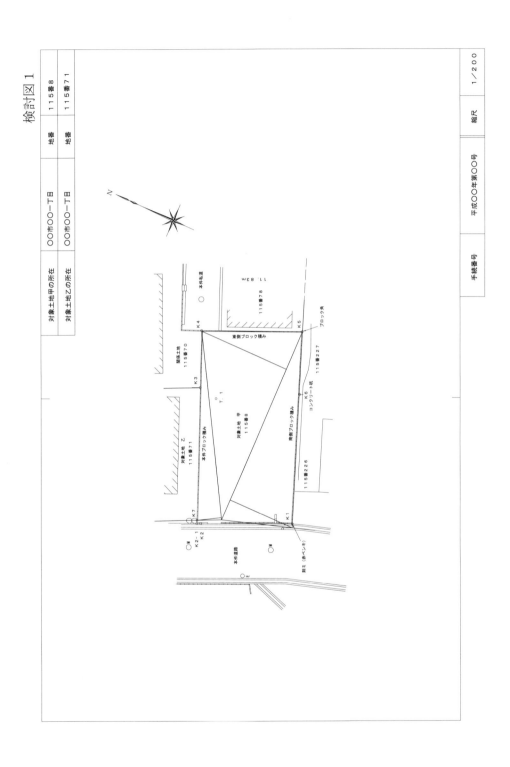

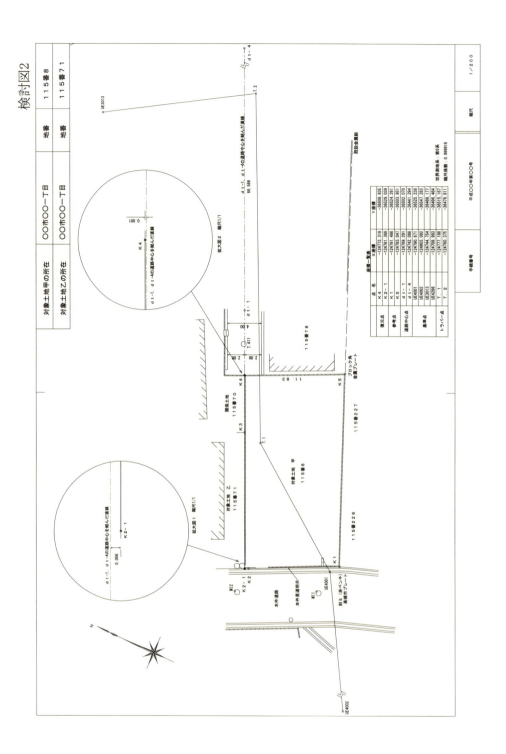

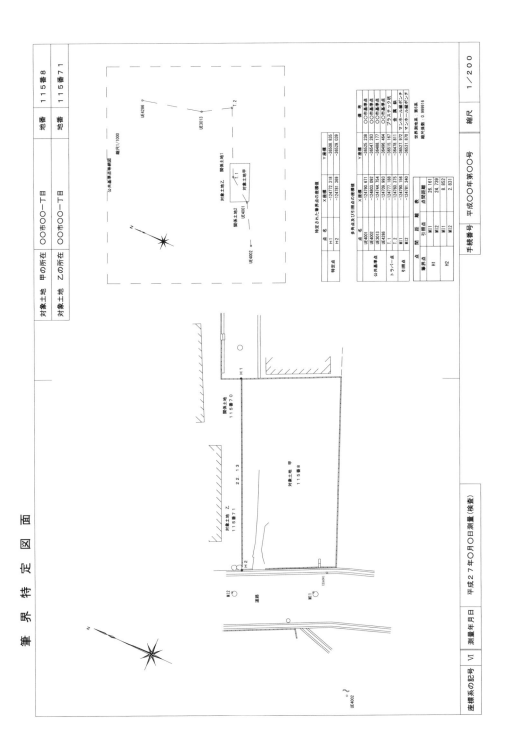

事例 12

分筆により創設された筆界について，申請人が提出した測量成果を基に作成した検討図，地図に準ずる図面，地積測量図，官民境界確定図，筆界確認書，境界標識及び現地構造物の設置状況等を総合的に考慮して特定した事例

　本件は，申請人らが，対象土地Ａ１及びＡ２の筆界を明確にするため，対象土地Ａ１と対象土地Ｂ１との筆界，対象土地Ａ１と対象土地Ｂ２との筆界及び対象土地Ａ２と対象土地Ｂ２との筆界（以下，併せて「本件全筆界」という。）を確認する必要があったところ，対象土地Ｂ１及びＢ２の所有権登記名義人の所在が知れず，本件全筆界について確認することができなかったことから，特定を求めて申請された事案である。

　本件全筆界は，昭和29年〇月の対象土地Ａ１と対象土地Ｂ１の分筆（以下「本件分筆１」という。），及び対象土地Ａ２と対象土地Ｂ２の分筆（以下「本件分筆２」という。）により創設された筆界である。本件全筆界を直接示している図面としては，本件分筆１及び本件分筆２に係る分筆申告図が存在し，いずれも三斜法による求積のための辺長が尺貫法の単位を用いて記載されており，本件全筆界の辺長は記載されていないものの，本件全筆界の両端点を結ぶ線は直線であり，対象土地Ｂ１及びＢ２の南側の筆界と本件全筆界は平行であることが認められる。しかし，当該分筆申告図は，現地復元性を有する図面とはいえない。このほかに，地図に準ずる図面，対象土地Ａ１と下水道用地との官民境界に関する境界確定図，対象土地Ａ１及びＡ２と周辺土地との筆界に関する筆界確認書が存在する。地図に準ずる図面における対象土地周辺の位置，形状及び地番の配列は，現況と合致しており，本件全筆界は直線で描かれている。

　そこで，十分な精度にあると認められる申請人提出の測量成果を基に作成した検討図を用いた上で，分筆申告図，地図に準ずる図面，地積測量図，官民境界確定図，筆界確認書，境界標識及び現地構造物の設置状況等を総合的に考慮して，対象土地の区画を復元し，当該対象土地及びその周辺の土地について面積比較を行って，本件全筆界を特定したものである。

筆 界 特 定 書

手 続 番 号　　平成〇〇年第〇〇号
対 象 土 地　　甲　〇〇市〇〇区〇〇二丁目1248番1
　　　　　　　　　　（以下「甲1土地」という。）
　　　　　　　　乙　〇〇市〇〇区〇〇二丁目1248番2
　　　　　　　　　　（以下「乙1土地」という。）

手 続 番 号　　平成〇〇年第〇〇号
対 象 土 地　　甲　甲1土地
　　　　　　　　乙　〇〇市〇〇区〇〇二丁目1249番3
　　　　　　　　　　（以下「乙2土地」という。）

手 続 番 号　　平成〇〇年第〇〇号
対 象 土 地　　甲　〇〇市〇〇区〇〇二丁目1249番2
　　　　　　　　　　（以下「甲2土地」という。）
　　　　　　　　乙　乙2土地

平成〇〇年第〇〇号及び第〇〇号につき
申請人　　〇〇市〇〇区〇〇一丁目112番17号　　〇　〇　〇　〇
　　　　　〇〇府〇〇郡〇〇町大字〇〇小字〇〇167番地　〇　〇　〇　〇
　　　　　〇〇市〇〇区〇〇二丁目117番3号　　〇　〇　〇　〇
平成〇〇年第〇〇号につき
申請人　　〇〇市〇〇区〇〇一丁目112番17号　　〇　〇　〇　〇
上記4名の代理人　土地家屋調査士　　〇　〇　〇　〇

筆界調査委員　　〇　〇　〇　〇
調査補助職員　　〇　〇　〇　〇

上記各対象土地について，次のとおり筆界を特定する。

結　　論

甲1土地及び甲2土地と乙1土地及び乙2土地との筆界は，別紙筆界特定図面のH1点とH2点を直線で結んだ線上であると特定する。

理由の要旨

第1　前提事実

1　甲1土地は，○○○○が，昭和30年○月○日売買により所有権を取得している。

　なお，○○○○は平成21年○月○日死亡しており，手続番号平成○○年第○○号及び第○○号の申請人らは，同人の相続人であるが，当該相続登記は未了である。

2　甲2土地（以下，甲1土地と併せて「甲全土地」という。）は，○○○○（以下，手続番号平成○○年第○○号及び第○○号の申請人らと併せて「申請人ら」という。）が，平成14年○月○日売買により所有権を取得している。

3　乙1土地及び乙2土地（以下，両土地を併せて「乙全土地」という。）は，○○○○○が，昭和46年○月○日売買により所有権を取得している。

4　申請人らは，甲全土地の筆界を明確にするため，甲1土地と乙1土地との筆界（以下「本件筆界1」という。），甲1土地と乙2土地との筆界（以下「本件筆界2」という。）及び甲2土地と乙2土地との筆界（以下，「本件筆界3」といい，本件筆界1及び本件筆界2と併せて「本件全筆界」という。）を確認する必要があったところ，乙全土地の所有者の所在が知れず，本件全筆界について確認することができなかったことから，本件全筆界の特定を求めたものである。

第2　申請人らの意見

　本件筆界1及び本件筆界2は申請書添付の境界主張図の370点と369点を結んだ直線であり，本件筆界3は369点と368点を直線で結んだ線である。

　その根拠は，申請書添付の検証図P1図からP3図のとおり，地積測量図，分筆申告図，官民境界確定図，既設境界標及び現況構造等に基づき，甲全土地

と乙全土地を併せた区画（以下「対象土地区画」という。）の外周の筆界を検討した上，対象土地区画に関する分筆申告図を復元して生じた較差について，甲全土地及び乙全土地の登記記録上の面積を考慮して復元した結果である。

第3 本件全筆界の検討及び判断

以下の検討及び判断においては，申請人が提出した測量データ（なお，申請人代理人が提出した測量データは，不動産登記規則（平成17年2月18日法務省令18号）第10条第4項第1号（国土調査法施行令別表第四）の精度区分（以下「公差」という。）を十分に満たす精度にあると認められる。）を基に作成した別紙検討図1及び検討図2を用いる。また，同図面上の点については点名のみを表記する。

1 現地の状況及び本件全筆界に関する資料の検討
(1) 現地の状況
　ア　利用状況及び構造物
　　(ｱ)　甲全土地の北側は，道路として利用されており，当該道路は，道路と隣接する各土地の一部を提供して道路としている。
　　(ｲ)　対象土地区画の西側は，○○市が所有し管理する下水道用地及び里道が道路（以下「本件市道」という。）として利用されている。
　　　　なお，この道路の東側部分が下水道用地であり，対象土地区画と隣接している。
　　(ｳ)　甲全土地及び乙全土地は居住用建物の敷地として利用されている。
　　(ｴ)　甲1土地と乙1土地との筆界付近及び乙全土地の南側筆界付近にはブロック塀が設置されているほか，検討図1のとおり，建物，ブロック塀，溝等の構造物がある。
　イ　境界標識
　　　境界標識の設置位置については，検討図1のとおりである。
(2) 分筆等の経緯及び地積測量図等の備付け状況について
　ア　分合筆の経緯
　　(ｱ)　昭和29年○月○日，○○市○○区○○二丁目1248番（以下，同所に所在する土地については，地番のみで表記する。）が同番1及び同番2（乙1土地）に分筆（以下，「本件分筆1」という。）

㈄　同日，1249番が，同番1，同番2（甲2土地）及び同番3に分筆（以下，「本件分筆2」という。）
　　㈅　昭和52年○月○日，1250番4が同番4及び同番6に分筆
　　㈆　昭和53年○月○日，1250番4が同番4及び同番7に分筆
　　㈇　平成27年○月○日，1249番1が1248番1に合筆（合筆後の1248番1が甲1土地に当たる。）
　イ　地積測量図等の備付け状況
　　○○法務局○○○○（以下「管轄登記所」という。）には，本件分筆1に係る分筆申告図（以下「本件申告図1」という。），本件分筆2に係る分筆申告図（以下「本件申告図2」という。）及び上記ア㈅並びに上記ア㈆の分筆に係る地積測量図が保管されている。
　ウ　本件筆界の創設に係る図面について
　　上記の経緯から，本件全筆界は，本件分筆1及び本件分筆2により創設された筆界であり，本件全筆界を直接示している図面は本件申告図1及び本件申告図2である。
　　本件申告図1及び本件申告図2は，三斜法による求積のための辺長が尺貫法の単位を用いて記載されており，本件全筆界の辺長は記載されていないものの，本件全筆界の両端点を結ぶ線は直線であり，乙全土地の南側の筆界と本件全筆界は平行であることが認められる。
　　また，本件申告図1によると，対象土地区画の西側の筆界は直線で描かれており，甲1土地の西側の筆界に相当する辺長が6.00間，乙1土地の西側の筆界に相当する辺長が3.174間と記載されている。
⑶　地図に準ずる図面について
　　管轄登記所には，対象土地及びその周辺の土地についての不動産登記法第14条第4項に規定する地図に準ずる図面（以下「本件公図」という。）が備え付けられている。
　　本件公図における対象土地周辺の土地の位置，形状及び地番配列は，現況と合致しており，本件全筆界は直線で描かれている。
⑷　○○市が保管する資料について
　ア　甲1土地と下水道用地との官民境界に関する境界確定図
　　同図面は，甲1土地と下水道用地との官民境界のうち，その北端点である330点と途中の点である373点を結ぶ直線をもって官民境界線として

確認されているが，373点から南側については確認されていない（いわゆる一部明示である。）。

イ　1250番5及び1250番8と下水道用地との官民境界に関する明示図

　同明示図の1250番4，1250番5及び下水道用地の3筆交点に「肩石キザミ印」と表記されており，現地においてもK2点に刻みが存在する。

(5) 筆界確認書

申請人は，次の筆界確認書を提出している。

ア　甲1土地と1250番6及び1250番7との筆界に関する筆界確認書
イ　甲2土地と1245番及び1247番との筆界に関する筆界確認書
ウ　甲2土地と1250番1との筆界に関する筆界確認書
エ　甲2土地と1250番6との筆界に関する筆界確認書

本来，筆界確認書は，当事者双方が，将来的な紛争を避けるため，既存の筆界についての認識を確認する行為であり，その確認の結果は，一般的に，本件公図及び地積測量図と矛盾しない限り，公法上の筆界を確認するに当たり，資料とすることができるものである。

2　本件全筆界に対する判断

本件全筆界は，本件分筆1及び本件分筆2により創設された筆界であることから，本件申告図1及び本件申告図2を復元することにより特定すべきであるが，当該分筆申告図は現地復元性を有する図面とはいえない。

よって，本件全筆界の特定に当たっては，本件申告図1，本件申告図2，本件公図，地積測量図，○○市保管資料，筆界確認書，境界標識及び現地構造物等を総合的に考慮して，本件全筆界を復元するのが相当である。

(1) 対象土地区画の復元

ア　対象土地区画の北側筆界について

(ｱ) 対象土地区画の北側筆界（以下「区画北側筆界」という。）については，上記1(5)のとおり当事者間で筆界が確認されている。

区画北側筆界の西端点である330点は上記1(4)アのとおり，官民境界とされている点であり，区画北側筆界の東端点は，後記ウによる対象土地区画の東側筆界（以下「区画東側筆界」という。）との交点である338点となる。

(ｲ) また，上記1(2)ｱ(ｳ)及び(ｴ)に係る地積測量図に表記されている辺長

と現況の境界標識を基に実測した辺長は公差の範囲内で一致する。

(ウ) 330点と338点を結ぶ直線は本件公図及び地積測量図と矛盾するものではないことから,同直線をもって区画北側筆界とするのが相当である。

なお,上記1(5)ア,ウ及びエの筆界確認書のとおり確認された339点及び341点は,330点と338点を結ぶ直線上に位置する。

イ　対象土地区画の西側筆界について

対象土地区画の西側筆界(以下「区画西側筆界」という。)の一部については,上記1(4)アのとおり330点と373点を結んだ直線をもって官民境界が確認されており,区画西側筆界として当該官民境界線を否定するだけの資料もないことから,これを区画西側筆界の一部とすることが相当である。

なお,本件申告図1における区画西側筆界は直線で描画されており,330点と373点を結んだ線を南方向に延長した線をもって区域西側筆界とするのが相当である。また,その延長線上に位置するY6点は,後記エにより復元された対象土地区画の南側筆界(以下「区画南側筆界」という。)との交点である。

ウ　区画東側筆界について

区画東側筆界の一部について,上記1(5)イの筆界確認書が取り交わされており,その筆界確認書の添付写真№2によると,石杭(以下「本件石杭」という。)の天面に刻まれた十字の交点(53点)を基点とし,53点と338点を結ぶ直線上として筆界が確認されている。また,その線上には筆界の方向を示すコンクリート杭及び金属プレート等の境界標識が現存している。

エ　区画南側筆界について

141点(245番の南東角)と53点(本件石杭)を結ぶ直線及びその直線を西方向に延長した線に沿って,ブロック塀が設置されている。

また,当該ブロック塀は本件石杭の存在を明らかにするように設置されていることから,当該石杭が筆界を示すものと認識した上,施工したことが認められる。

よって,区画南側筆界は,53点から当該ブロック塀の北面に沿って西方向への直線であって,その西端点については,上記イのとおり官民境

界線を延長した線との交点となるY6点とするのが相当である。
オ　面積による検証

　　上記アないしエにより復元した対象土地区画は338点，330点，Y6点，53点及び338点を直線で結んだ範囲であり，対象土地区画及びその周囲の土地又は区画について，実測面積と登記記録上の面積を比較したところ，検討図1のとおりとなる。なお，対象土地区画の周囲の各土地については，現地の境界標識，官民境界線等により区画が判断できるものである。

　　その結果，対象土地区画及び1250番4の面積については，公差の範囲を超えるが，極めて僅かであり，大きく相違するものではない。

　　また，復元した対象土地区画は，各資料及び構造物等との矛盾もないことから妥当といえるものである。

カ　よって，338点，330点，Y6点及，53点及び338点の各点に囲まれた範囲をもって対象土地区画とするのが相当である。

(2) 本件全筆界の復元

ア　登記記録によると，本件分筆1及び本件分筆2は，同じ所有者により，同日に当該分筆の申告がされ，地目も同じ宅地である。また，残地の面積を差し引き計算することにより求めているものではなく，分筆後の全部の土地について求積され，土地台帳にもその成果が記録されている。

　　これらの事実を踏まえると，甲全土地と乙全土地とは，同時期に同じ者が同じ方法で測量したと考えるのが自然であり，対象土地区画の実測面積と登記記録上の面積の差は，甲全土地及び乙全土地の登記記録上の面積に同率に反映されるべきであり，本件全筆界は，甲全土地と乙全土地の面積を考慮して求めるのが相当である。

イ　上記1(2)ウのとおり，乙全土地の南側の筆界と本件全筆界とは平行であることが認められることから，乙全土地の南側筆界として相当なY6点と53点を結ぶ直線を平行に，甲全土地と乙全土地の面積の増減率が均衡するよう移動させると，別紙検討図2のY25点とY26点となる。

　　なお，Y25点とY26点を結ぶ直線は，現地構造物の設置位置ともおおむね一致する。

3 本件全筆界の特定

以上によれば，本件全筆界は，Y25点とY26点を直線で結んだ線となるところ，本件手続においては，甲1土地と甲2土地との筆界及び乙1土地と乙2土地との筆界まで求めているものではないことから，方向線上として特定するのが相当である。

なお，筆界特定図面において，Y25点及びY26点を，H1点及びH2点とする。

第4 結　語

以上のことから，各対象土地の筆界は，結論のとおり特定するのが相当である。

なお，筆界調査委員の意見も同旨である。

平成○○年○月○日
　　　　　　　　○○法務局
　　　　　　　　　　筆界特定登記官　○　○　○　○

検討図1　〇〇市〇〇区〇〇一丁目1248番1　外
1/200

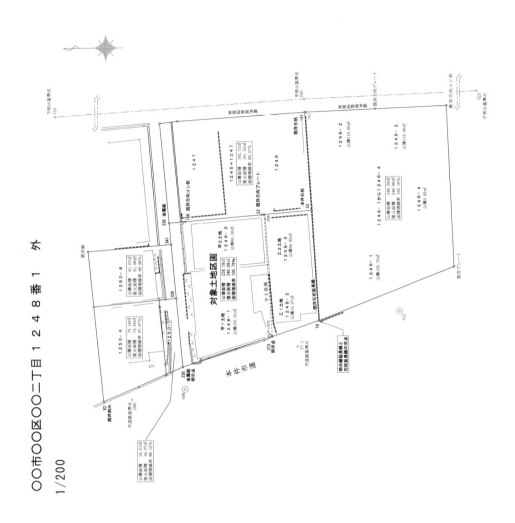

検討図2

○○市○○区○○二丁目1248番1 外　復元区画図面1/100

面積縄伸び率（面積増加率）から分筆線を復元

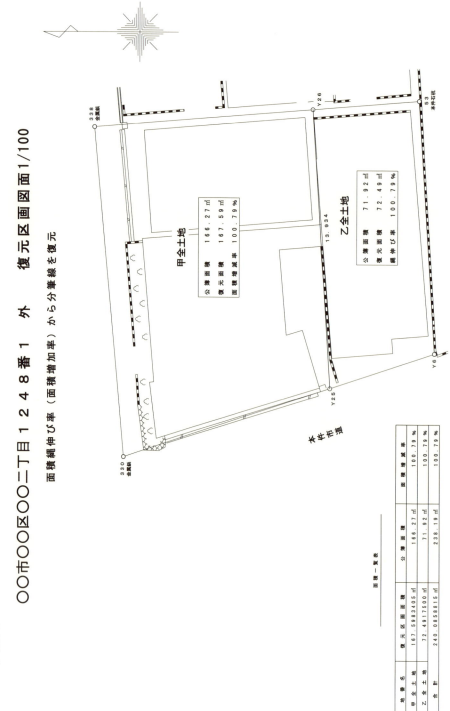

面積一覧表

地番名	復元区画面積	公簿面積	面積増減率
甲全土地	167.5983405 ㎡	166.27 ㎡	100.79 %
乙全土地	72.4917500 ㎡	71.92 ㎡	100.79 %
合計	240.0858815 ㎡	238.19 ㎡	100.79 %

事例12 | 121

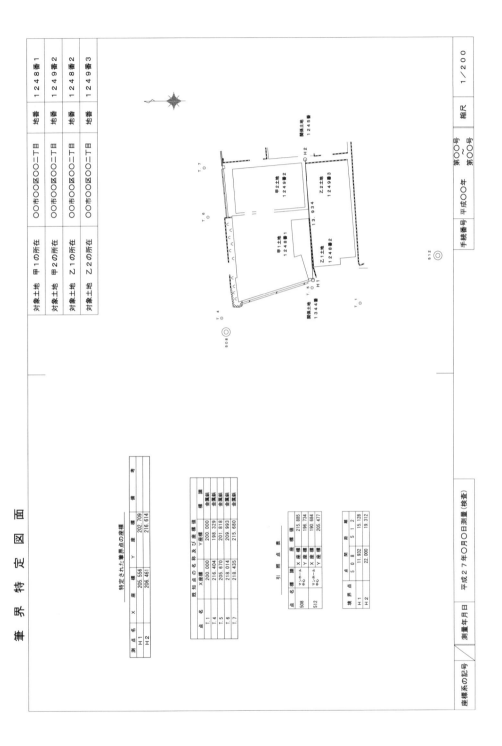

事例 13

分筆により創設された筆界について，申請人が提出した測量成果を，点検を経て採用し，作成した検討図，換地処分により作成された確定図，分筆申告図及び地積測量図等を検証・復元した上で，特定した事例

　本件は，申請人が，対象土地Ａの筆界を確定する必要があったところ，対象土地Ｂの関係人との主張が相違し，筆界が確定できないとして，対象土地Ａと対象土地Ｂとの筆界（以下「本件筆界」という。）の特定を求めて申請された事案である。

　対象土地及び周辺土地は，昭和34年〇月に，土地区画整理法による換地処分が施行された地域であり，対象土地周辺の街区（以下「本件街区」という。）は，市が所有・管理する道路（以下「本件道路」という。）に囲まれている。本件筆界は，換地処分後の対象土地の分筆により創設された筆界である。

　本件筆界を示す資料としては，分筆申告図，地積測量図，地図に準ずる図面があり，地図に準ずる図面における対象土地周辺の位置，形状及び地番の配列は，現況と合致している。また，対象土地周辺の筆界を示す資料としては，換地処分により作成された確定図，道路区域線調査図が存在し，確定図には，本件街区の面積及び外周筆界の辺長が，間単位で小数点第2位まで表示されているほか，本件道路の幅員及び本件道路の基準点に係る点間距離並びに基準点を結ぶ線間の内角等が記載されている。

　そこで，申請人が提出した測量成果を，点検を経て採用し，作成した検討図を用い，確定図に基づき換地処分時の本件街区を復元し，当該復元線を基線として分筆申告図及び地積測量図を検証・復元した上で，本件街区の各土地の面積を検証して，本件筆界を特定したものである。

筆 界 特 定 書

手 続 番 号　　平成〇〇年第〇〇号
対 象 土 地　　甲　〇〇市〇〇区〇〇町一丁目188番
　　　　　　　　　（以下「甲土地」という。）

　　　　　　　　　乙　○○市○○区○○町一丁目189番
　　　　　　　　　　（以下「乙土地」という。）

　申　請　人　　○○市○○区○○二丁目12番20号
　　　　　　　　○○○○○○○株式会社

　申請人代理人　　土地家屋調査士　○　○　○　○

　筆界調査委員　　○　○　○　○
　補助担当職員　　○　○　○　○

上記対象土地について，次のとおり筆界を特定する。

結　論

甲土地と乙土地との筆界は，別紙筆界特定図面のＨ１点とＨ２点を結んだ直線であると特定する。

理由の要旨

第1　前提事実

1　対象土地及びその周辺土地は，昭和34年○月○日，土地区画整理法による換地処分（以下「本件換地処分」という。）が施行された地域である。
2　申請人は，平成26年○月○日，売買により甲土地の所有権を取得している。
3　乙土地の所有権登記名義人（以下「乙土地関係人」という。）は，平成23年○月○日，売買により所有権を取得している。
4　申請人は，甲土地の筆界を確定する必要があるところ，申請人と乙土地関係人との主張が相違し，筆界が確定できないとして，甲土地と乙土地との筆界（以下「本件筆界」という。）の特定を求めたものである。

第2　申請人の主張

本件筆界は，本件筆界特定申請書の添付図面（以下「申請人主張図面」という。）のDK1点とDK12点を結んだ直線である。

その根拠は，本件換地処分により作成された図面（以下「本件確定図」という。）に基づき，後記第3の2に記載の本件測量図を復元した結果である。

第3　対象土地等

対象土地周辺は，本件換地処分後の昭和44年〇月〇日，〇〇市〇〇区〇〇町一丁目から〇〇市〇〇区〇〇町三丁目に町名地番変更されている（以下，町名地番変更前の町名に所在する土地については，「旧〇〇番」と表記し，町名地番変更後の町名に所在する土地については，地番のみで表記する。）。

1　対象土地周辺の現況
(1) 本件換地処分により形成された旧132番（以下「本件街区」という。）は，〇〇市が所有・管理する道路（以下「本件道路」という。）に囲まれている。
(2) 甲土地は更地である。
(3) 乙土地は，旅館の敷地として利用されている。

2　分筆等の経緯について
(1) 昭和34年〇月〇日，本件換地処分
(2) 昭和35年〇月〇日，旧132番が同番1及び同番2に分筆
(3) 昭和35年〇月〇日，旧132番1が同番1及び同番3に分筆（以下「本件分筆」という。）
(4) 昭和43年〇月〇日，旧132番1が同番1及び同番4に分筆
(5) 昭和44年〇月〇日，旧132番1が191番（以下「関係土地1」という。）に，旧132番2が190番に，旧132番3が189番に，旧132番4が188番（甲土地）に地番変更
(6) 平成22年〇月〇日，190番が189番に合筆（合筆後の189番が乙土地である。）
　　よって，本件筆界は，本件分筆により創設された筆界である。
　　また，〇〇法務局〇〇出張所（以下「管轄登記所」という。）には，前記(2)

及び(3)に関する分筆申告書及び前記(4)に関する地積測量図が備え付けられている（以下，前記(2)に関する分筆申告図を「本件申告図１」，前記(3)に関する分筆申告図を「本件申告図２」，前記(4)に関する地積測量図を「本件測量図」という。）。

3 対象土地周辺の筆界を示す資料

(1) 地図に準ずる図面

管轄登記所には，対象土地及びその周辺土地についての不動産登記法第14条第4項に規定する地図に準ずる図面（以下「本件公図」という。）が備え付けられており，本件公図における対象土地及び周辺土地の位置，形状及び地番配列は現況と合致している。

(2) 本件換地処分に係る図面

〇〇市には，本件確定図が保管されており，同図面には，本件街区の面積及び外周筆界（以下「本件街区線」という。）の辺長が「間」単位で小数点以下第２位まで表示されているほか，本件道路の幅員及び本件道路の基準点に係る点間距離並びに基準点を結ぶ線間の内角等が記載されている。

(3) 本件道路に係る図面

〇〇市には，本件道路と民有地との道路区域に関し，道路の幅員，道路と民有地との区画線の距離及び区画線間の内角等を公示する〇〇市認定道路区域線調査図（以下「道路区域線調査図」という。）及び甲土地と本件道路との官民境界につき，平成26年〇月〇日付け〇〇〇第〇号道路区域・市有地境界明示図が保管されている。

第４ 本件筆界の検討

本件筆界は，本件換地処分後の分筆により創設された筆界であることから，まず，本件確定図に基づき，本件換地処分時の本件街区を復元し，当該復元線を基線として本件申告図１，本件申告図２及び本件測量図を検証，復元することにより，本件筆界を特定することが相当である。

なお，申請人代理人提出の実測成果を検査した結果，その成果は正確に測量されたものであると認められたことから，以下の検討は，申請人主張図面を基に作成した別紙検討図１ないし４により検証する。

1 本件街区の検討
(1) 現地には，本件道路の中心に○○市道路基準点（検討図1のC1点ないしC4点）が設置されており，○○市道路基準点C1点ないしC4点の各点を順次直線で結んだ線（以下「道路中心線」という。）及び同基準点を基に復元した本件街区線（検討図1のP2点ないしP9点の各点を順次直線で結んだ線（以下「本件測量街区線」という。））の辺長と道路区域線調査図に記載された当該辺長等の数値とを比較した結果，検討図1のとおり，その較差は不動産登記規則（平成17年2月18日法務省令18号）第10条第4項第1号の精度区分甲2（以下「公差」という。）の範囲内であることから，現地に設置された道路基準点から復元した本件測量街区線と道路区域調査図上の本件街区の外周筆界とが一致していると認められる。

(2) 次に，復元した本件測量街区線及び道路中心線の距離について，本件確定図に記載されている当該筆界等の数値と比較すると，検討図2のとおり，本件街区の東側筆界について，公差の範囲を超えた較差が生じている。

そこで，本件確定図に記載された本件道路の基準点間の距離及び基準点を結ぶ線間の内角を基に本件街区を復元すると，検討図3のとおり，復元した本件街区の東側筆界の辺長は12.56間（換算値：22.836m）となり，本件確定図に記載されている当該筆界の辺長12.62間（換算値：22.945m）とは相違している。

一方，本件測量街区線の東側辺長は22.832mであり，上述の復元した本件街区の東側辺長22.836mとの較差が公差の範囲内にあることから，本件確定図に記載されている本件街区の東側辺長は記載の誤りであり，12.56間（換算値：22.836m）であると認めるのが相当である。

さらに，本件街区の位置及び形状は，本件換地処分から現在まで維持されているといえることから，本件測量街区線をもって，本件街区創設時の街区の外周筆界とすることが相当である。

2 本件筆界の復元

本件筆界は本件分筆により創設された筆界であることから，同分筆に係る本件申告図2を現地に復元し，本件筆界を特定すべきであるが，本件申告図2には，旧132番3の三斜求積のための斜辺長等の記載はあるものの，本件

筆界の辺長や境界標の記載がなく，同申告図をもって本件筆界を復元することはできない。

そこで，本件測量図を検証すると，本件測量図記載の本件街区の各辺長は，道路区域線調査図記載の当該辺長とほぼ一致することから，本件測量図は，道路区域線調査図における道路区域線を基礎として現地測量が行われ，作成された図面であると認められる。

よって，本件測量図を基に本件筆界を復元する。

(1) 本件筆界の東端点の復元

　ア　検討図1の本件測量街区線のP2点からP3点まで（復元した本件街区の東側筆界）の実測距離は22.832mで，本件測量図における当該辺長22.834mより0.002m短い。

　イ　そこで，この較差を本件測量図上の当該辺長の数値で按分して求めた本件筆界の東端点が検討図4のNT1点である。

(2) 本件筆界の西端点の復元

　ア　検討図1の本件測量街区線のP9点からP8点まで（復元した本件街区の北側筆界）の実測距離は30.982mで，本件測量図における辺長30.974mより0.008m長い。

　イ　そこで，この較差を本件測量図上の当該辺長の数値で按分した結果，甲土地の北西角が検討図4のNT3点となる。

　ウ　次に，検討図4のNT1点を中心として，本件測量図における甲土地の南側辺長28.804mを半径とする円と，検討図4のNT3点を中心として，本件測量図における甲土地の西側辺長19.681mを半径とする円との交点がNT2点であり，この点が本件筆界の西端点となる。

3　面積による検証

本件街区の各土地の面積を検証するため，乙土地の南側筆界を本件申告図1における乙土地の南側辺長14.815間（換算値：26.936m）とすると，検討図4のとおり甲土地は542.69㎡，乙土地は211.43㎡，関係土地1は231.57㎡となり，各土地の登記記録上の面積との差はいずれも公差の範囲内である。

なお，190番を合筆する前の乙土地の面積は，本件申告図1に表記されている求積された面積を採用した。

4 本件筆界の特定

以上のことから，本件筆界はNT1点とNT2点を結んだ直線とするのが相当である。

なお，NT1点及びNT2点を，筆界特定図面においては，H1点及びH2点とする。

第5 結　語

以上により，対象土地の筆界は，結論のとおり特定する。

なお，筆界調査委員の意見も同旨である。

　平成〇〇年〇月〇日
　　　　　　　〇〇法務局
　　　　　　　　筆界特定登記官　　〇　〇　〇　〇

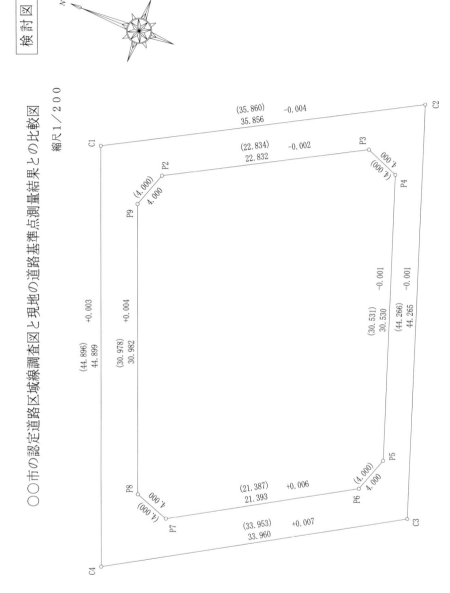

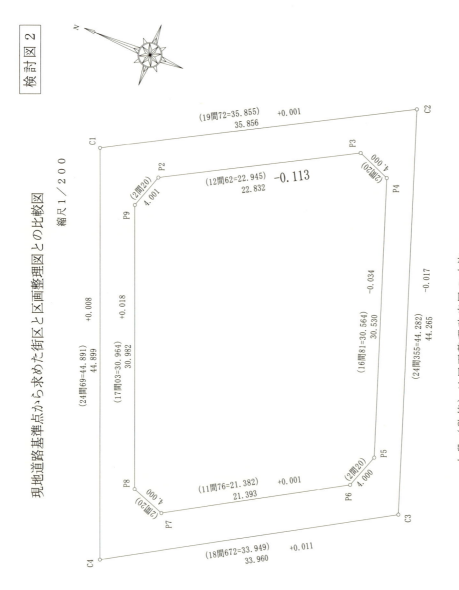

事例13 | 131

区画整理図の距離と角度から街区寸法チェック 検討図3

縮尺1/200

上段（数値）は区画整理確定図の寸法
下段数値は道路中心線から街区計算で求めた寸法

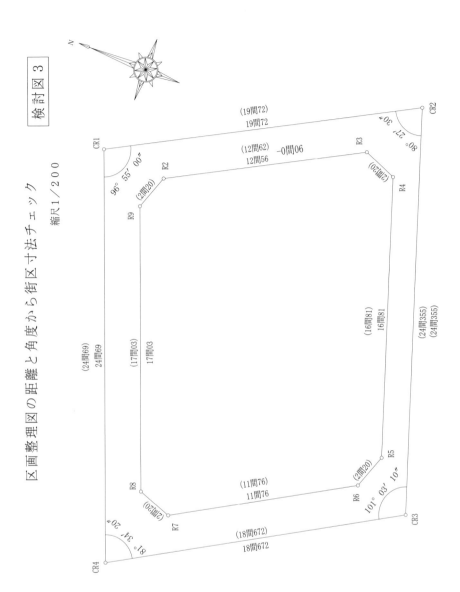

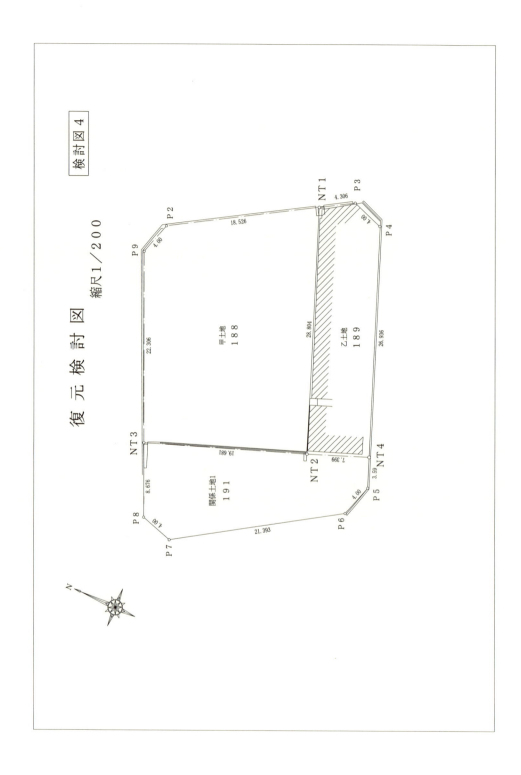

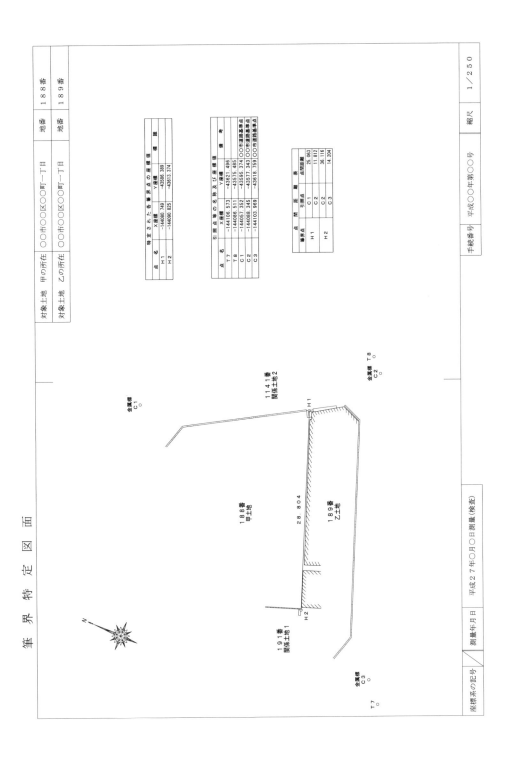

事例 14

分筆により創設された筆界について，申請人が提出した測量成果を，検査を経て採用し，作成した検討図，区画を分譲した際の丈量図，地図に準ずる図面及び現地構造物の設置状況等を総合的に考慮して特定した事例

　本件は，申請人らが，対象土地Aと対象土地Bとの筆界（以下「本件筆界」という。）を明らかにするため，対象土地Bの所有権の登記名義人の相続人に対し本件筆界の確認を求めたところ，意見が相違したことから，本件筆界の特定を求めて申請された事案である。

　対象土地及び周辺土地は，大正15年○月の分筆により区画（以下「本件区画」という。）が形成されたものであり，本件筆界は，その後の昭和4年○月及び昭和6年○月の対象土地の分筆により創設された筆界である。

　対象土地周辺の街区の北側は私道（以下「本件私道」という。）であり，東側，西側及び南側は，市が所有・管理する道路である。

　対象土地周辺の筆界等を示す資料としては，地図に準ずる図面，道路区域線調査図，市道路境界明示図，本件区画を分譲した際の丈量図，対象土地Aと本件私道との筆界についての筆界確認書が存在する。丈量図には，本件区画の間口，奥行き及び面積が尺貫法による単位で記載されており，また，南北間の土地の隣接関係は，現地における占有状況とも一致し，加えて，同図に表記された面積と登記記録の面積が合致することから，高い信ぴょう性があると認められる。

　そこで，申請人が提出した測量成果を，点検を経て採用し，作成した検討図を用い，丈量図に基づき本件区画を復元し，地図に準ずる図面，道路区域線調査図，市道路境界明示図，筆界確認書及び現地構造物等を総合的に考慮した上で，本件区画の面積を検証して，本件筆界を特定したものである。

筆　界　特　定　書

手　続　番　号　　平成○○年第○○号

対象土地　甲　〇〇市〇〇区〇〇二丁目157番
　　　　　　　（以下「甲土地」という。）
　　　　　　乙　〇〇市〇〇区〇〇二丁目153番
　　　　　　　（以下「乙土地」という。）

申　請　人　〇〇市〇〇区〇〇二丁目16番16号
　　　　　　〇　〇　〇　〇
　同　　　　〇〇市〇〇区〇〇二丁目116番27－〇〇号
　　　　　　（登記記録上の住所　〇〇市〇〇区〇〇二丁目114番4－〇〇号）
　　　　　　〇　〇　〇　〇
　同　　　　〇〇市〇〇区〇〇163番26号〇〇〇〇〇〇
　　　　　　（登記記録上の住所　〇〇市〇〇区〇〇二丁目16番16号）
　　　　　　〇　〇　〇　〇
　同　　　　〇〇市〇〇区〇〇二丁目16番16号
　　　　　　（登記記録上の住所　〇〇市〇〇区〇〇一丁目15番2－〇〇号）
　　　　　　〇　〇　〇　〇
　　　　　　（以下，申請人4名を「申請人ら」という。）
申請人らの代理人　　土地家屋調査士法人　〇〇綜合事務所

筆界調査委員　〇　〇　〇　〇
調査補助職員　〇　〇　〇　〇

上記対象土地について，次のとおり筆界を特定する。

結　論

　甲土地と乙土地との筆界は，別紙筆界特定図面のH1点とH2点を直線で結んだ線上にあると特定する。

理由の要旨

第1　前提事実

1　甲土地と乙土地の筆界（以下「本件筆界」という。）は、後記第3の2(3)の分筆により創設された筆界である。

2　申請人らは、本件筆界を明らかにするため、乙土地の所有権の登記名義人が死亡しているため、その相続人（以下「乙土地関係人相続人ら」という。）に対し当該筆界の確認を求めたところ、本件筆界についての意見が相違したことから、本件筆界の特定を求めたものである。

第2　申請人らの意見

本件筆界は、本件筆界特定申請書添付の現況平面図（以下「申請人主張図面」という。）のD31点とD36点を直線で結んだ線である。

その根拠は、対象土地を含む周辺の土地を分譲した甲土地北側に隣接する○○市○○区○○二丁目1271番の私道（以下、「本件私道」といい、昭和26年○月○日の町名及び地番変更前の土地については、地番の前に「旧」を付した地番のみで表記し、町名及び地番変更後の土地については、地番のみで表記する。）の登記名義人である○○○○株式会社（登記記録上の商号は●●●●●株式会社であり、以下「本件私道関係人」という。）から聴取した対象土地周辺の土地の間口及び奥行きの辺長に基づいて復元した結果である。

第3　対象土地及びその周辺土地の分筆等の経緯、現地の状況等

1　現地の状況について

対象土地及びその周辺土地は、道路に囲まれた平たんな住宅地（以下、この街区を「本件街区」という。）である。

また、本件街区の北側が本件私道であり、東側、西側及び南側の道路は○○市が所有・管理する市道（「本件市道」といい、本件私道と併せて「本件外周道路」という。）である。

(1) 甲土地は，倉庫の敷地及び露天駐車場として利用されており，また，申請人らが所有権の登記名義人である東側に隣接する156番の地上建物（共同住宅等）の敷地としても利用されている。

(2) 乙土地は，居宅及び共同住宅の敷地として利用されている。

(3) 本件街区と本件外周道路との筆界付近には，道路側溝等の構造物が施工されている。

(4) 乙土地と158番（以下「関係土地1」という。）の筆界付近には，乙土地関係人相続人らが主張の根拠とする金属鋲が申請人主張図面の106点，129点及び131点に設置されている。

2 対象土地周辺の分筆等の経緯について

対象土地周辺は，昭和26年○月○日，○○市○○区○○町から同区○○町二丁目に町名改称及び地番更正があった後，昭和55年○月○日，同区○○町二丁目から同区○○二丁目に町名変更されている。

対象土地等の分筆等の経緯は以下のとおりである。

(1) 大正15年○月○日，旧1652番1が，同番1及び同番3に分筆（以下，分筆後の旧1652番3（現在の151番から160番までの土地に相当する。）の区画を「本件区画」という。）

(2) 昭和3年○月○日，旧1652番3が同番3及び同番20に分筆

(3) 昭和4年○月○日，旧1652番3が同番3，同番24ないし同番26に分筆

(4) 昭和6年○月○日，旧1652番25が同番25及び同番28に分筆

(5) 昭和6年○月○日，旧1652番3が同番3及び同番31に分筆

(6) 昭和7年○月○日，旧1652番3が同番3，同番33及び同番34に分筆

(7) 昭和26年10月20日，旧1652番24が151番，旧1652番28が152番，旧1652番25が153番（乙土地），旧1652番20が154番，旧1652番21が155番，旧1652番26が156番，旧1652番31が157番（甲土地），旧1652番3が158番（関係土地1），旧1652番33が159番，旧1652番34が160番に地番更正

(8) 昭和52年○月○日，154番が，同番1（以下「関係土地2」という。）ないし同番3に分筆

(9) 昭和52年○月○日，155番が，同番1ないし同番4に分筆

第4　本件筆界の検討及び判断

　以下の検討及び判断においては，申請人代理人が現地を測量した成果を基に作成した別紙検討図を用いる。なお，検討図の作成に当たり申請人代理人の測量成果を検査し，その正確性を確認している。

1　対象土地周辺の筆界等を示す資料について
　(1)　地図に準ずる図面
　　　○○法務局○○出張所（以下「管轄登記所」という。）には，対象土地及びその周辺の土地についての不動産登記法第14条第4項に規定する地図に準ずる図面（以下「現公図」という。）が備え付けられており，対象土地周辺の土地の位置，形状及び地番配列は現況とおおむね合致しているといえるが，現公図に描画された，本件区画内の土地を南北に区分する背割り線（以下「本件背割り線」という。）を境とし，南側の151番，152番，153番及び154番1と，北側の157番，158番及び159番との隣接関係について，後記(3)の資料と相違している。なお，現地における占有状況を調査した結果，当該隣接関係は，後記(3)の資料と整合していることが認められる。
　　　また，現公図によると，本件背割り線は直線で描画されている。
　(2)　○○市保管資料
　　ア　○○市には，本件市道について，世界測地系の座標値による公共基準点網図及び○○市認定道路区域線調査図（以下，「道路区域線調査図」といい，同図に示された道路区域線を，単に「道路区域線」という。）が保管されている。
　　イ　156番と本件市道との官民境界について，平成26年○月○日付け○○○第○号道路区域・市有地境界明示図（以下「本件市道明示図」という。）
　　　本件市道明示図によると，156番と本件市道との官民境界は，40-6点と40-7点を直線で結んだ線上で確認されている。
　(3)　本件私道関係人が保管する資料
　　　本件私道関係人は，対象土地及びその周辺の土地を分譲した者であり，本件区画を分譲した際の「○○線（○○線）○○經營地丈量繪」と題する図面（以下「本件丈量図」という。）を保有している。
　　　本件丈量図によると，本件区画の間口，奥行き及び面積が尺貫法による

単位で記載されており，本件背割り線の位置は同区画の東側筆界及び西側筆界の中点を結んだ直線で描画されている。また，本件丈量図に描画された本件背割り線を境とする南北間の土地の隣接関係は，上記(1)のとおり，占有状況とも一致し，加えて，同図に表記された面積と登記記録の面積が合致することからも，高い信ぴょう性があると認められる。よって，本件丈量図は本件筆界を特定するための重要な資料となる。

(4) 筆界確認書

甲土地及び申請人らが所有する156番と本件私道との筆界について，本年○月○日，筆界確認書が取り交わされている（以下「本件私道確認書」という。）。同筆界確認書によると，本件私道の側溝の北側流水面立ち上がり（以下「本件側溝北面」という。）のD28点，D29点及びD30点を順次直線で結んだ線をもって筆界が確認され，当該各点には金属プレートが設置されている。

なお，D28点は，本件市道明示図及び道路区域線調査図上の40−6点と40−7点を結ぶ直線上に位置する。

2 本件筆界に対する判断

本件筆界は，前記第3の2(1)の分筆により本件区画が形成され，同(3)の分筆により創設された筆界であるが，分筆された年代が古いため，本件筆界を示す資料が管轄登記所に存在しないことから，本件筆界の特定に当たっては，現公図，本件市道明示図，道路区域線調査図，本件丈量図，本件私道確認書及び現地構造物等を総合的に考慮して，本件筆界を特定するのが相当である。

(1) 本件丈量図による本件区画の復元

ア 本件区画の東側筆界

(ア) 本件市道明示図における明示線（156番と本件市道との官民境界）は道路側溝の流水面の本件市道側の立ち上がりに沿った線であることが認められる。また，上記明示位置に当たる本件市道の側溝及びその他構造物は，ほぼ直線で構築されており，この線形は現公図における当該筆界の線形とも一致することから，甲土地明示図における明示線上（40−6点と40−7点を結ぶ線上）をもって本件区画の東側筆界とするのが相当である。

なお，40－6点は，本件区画の東側筆界の南端点となる。
(イ) 本件丈量図によると，本件区画の東側筆界の辺長は20間（換算値：36.364m）であることから，検討図において，40－6点から本件明示線上に当該辺長を確保した点がD28点となる。

なお，D28点は，本件私道確認書で筆界が確認されている点である。

イ　本件区画の北側筆界

本件私道確認書において確認された筆界は，現地の構造物の設置位置（本件側溝北面）と合致し，その線形は現公図における当該筆界の線形とも合致することから，当該筆界及びその延長線をもって本件街区の北側筆界とするのが相当である。また，本件丈量図によると，本件区画の北側筆界の辺長が25間（45.455m）であることから，D28点から，本件私道確認書において確認されている本件側溝北側面に沿った線上に当該辺長を確保した点がKD1点となり，D28点とKD1点を直線で結んだ線を本件区画の北側筆界とするのが相当である。

ウ　本件区画の南側筆界

道路区域線調査図によると，本件市道のうち南側の道路区域線が40－6点と40－5点を結ぶ直線上に位置するものとして表記されているところ，当該道路区域線は，本件市道の側溝構造物の設置位置とも合致しており，その線形は現公図にける当該線形とも合致することから，当該道路区域線をもって本件街区の南側筆界とするのが相当である。また，本件丈量図によると，本件区画の南側筆界の辺長が25間（換算値：45.455m）であることから，当該辺長を40－6点から当該線上に確保した点がKD2点となり，40－6点とKD2点を直線で結んだ線を本件区画の南側筆界とするのが相当である。

エ　本件区画の西側筆界

上記イにより復元されたKD1点と上記ウにより復元されたKD2点を結ぶ直線は，その辺長が36.320mとなり，本件丈量図における本件区画の西側筆界の辺長20間（換算値：36.364m）との較差0.044mは，不動産登記規則（平成17年2月18日法務省令18号）第10条4項1号（国土調査法施行令別表第四）の精度区分（以下「公差」という。）を十分に満たす精度にあることが認められることから，KD1点とKD2点を結ぶ直線は，本件

区画の西側筆界として妥当な線ということができる。
(2) 本件筆界の復元

上記1(3)のとおり，本件背割り線は，本件区画の東側及び西側筆界の中点を結んだ直線として表記されていることから，KD1点とKD2点を直線で結んだ線の中点であるA点と，D28点と40－6点を直線で結んだ線の中点であるB点の両点を直線で結んだ線となり，本件筆界は，当該線上にあることになる。

(3) 面積による検証

上記(2)により復元された本件背割り線（A点とB点を結ぶ直線）を境として，本件区画の北側（KD1点，A点，B点，D28点及びKD1点を順次直線で結んだ範囲）と本件区画の南側（A点，KD2点，40－6点，B点及びA点を順次直線で結んだ範囲）の面積は，検討図のとおり，登記記録（本件丈量図）の面積と公差の範囲内で合致する。

3 本件筆界の特定

以上のとおり，復元した本件区画は，現地に施工された構造物（道路側溝）の設置位置とも整合しており，宅地分譲がされた80年以上前から長年にわたり，○○市及び本件私道関係人が本件街区と本件外周道路との筆界を示す構造物として維持・管理されてきたと認められるものである。よって，本件筆界を含む本件背割り線の位置は，現存する資料から判断して相当な位置であることが認められる。

なお，本手続において，申請人らは甲土地の筆界を明らかにすることが目的であり，乙土地と関係土地2との筆界を求めるものではないことから，方向線上の筆界として特定する。

また，検討図上のA点及びB点を筆界特定図面においては，それぞれH1点及びH2点として表示する。

第5 結　語

以上により，対象土地の各筆界は，結論のとおり特定するのが相当である。なお，筆界調査委員の意見も同旨である。

平成〇〇年〇月〇日

　　　　　　　　〇〇法務局

　　　　　　　　　筆界特定登記官　〇　〇　〇　〇

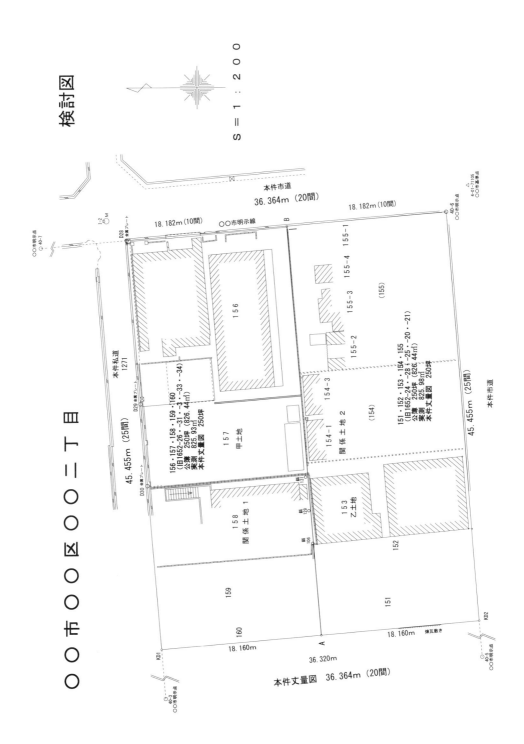

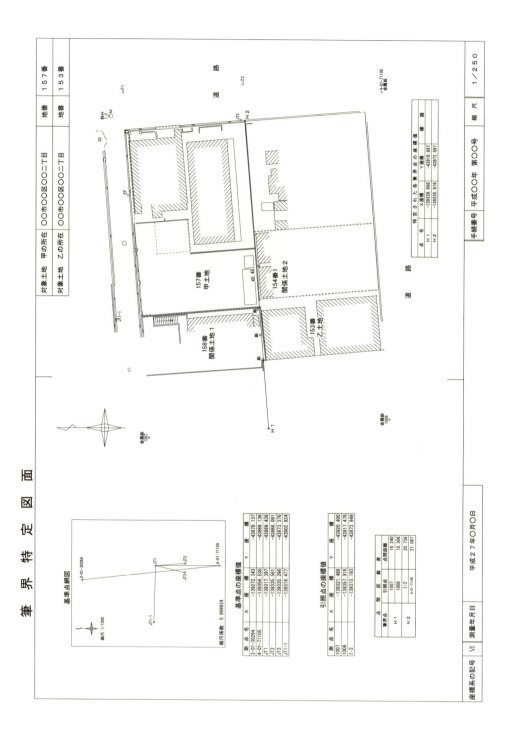

事例 15

分筆により創設された筆界について，申請人が提出した測量成果を，点検を経て採用し，作成した検討図，地図に準ずる図面，分筆申告図，地積測量図，道路位置指定図，現地構造物，境界標識及び私道の設置位置等を総合的に考慮して特定した事例

　本件は，申請人が，対象土地Ａ１と対象土地Ｂとの筆界及び対象土地Ａ２と対象土地Ｂとの筆界（以下，併せて「本件全筆界」という。）を確認する必要があるところ，対象土地Ｂの所有権登記名義人の所在が不明のため，本件全筆界を確認することができなかったことから，特定を求めて申請された事案である。

　本件全筆界は，昭和35年○月の対象土地の分筆（以下「本件分筆」という。）により創設された筆界であり，対象土地Ｂは，いわゆる持ち出し道路（以下「本件私道」という。）である。

　対象土地周辺の筆界を示す資料としては，地図に準ずる図面，本件分筆により作成された分筆申告図，地積測量図，官民境界明示図，道路位置指定図，空中写真があり，地図に準ずる図面の対象土地周辺の土地の位置，形状及び地番配列は，現況とおおむね合致し，分筆申告図の各土地については三斜法による求積方法が記載されているが，地図に準ずる図面及び分筆申告図は，現地復元性を有するとはいえない。

　そこで，申請人が提出した測量成果を，点検を経て採用し，作成した検討図を用い，地図に準ずる図面，分筆申告図，地積測量図，道路位置指定図等の各種資料，現地構造物，境界標及び本件私道の設置位置等との整合性を考慮した上で，本件全筆界を特定したものである。

筆 界 特 定 書

手 続 番 号　　平成○○年第○○号
対 象 土 地　　甲　○○市○○町1185番１
　　　　　　　　　　（以下「甲１土地」という。）

　　　　　　　　　　乙　○○市○○町1185番4
　　　　　　　　　　　（以下「乙土地」という。）

　　手 続 番 号　　平成○○年第○○号
　　対 象 土 地　　甲　○○市○○町1185番19
　　　　　　　　　　　（以下「甲2土地」という。）
　　　　　　　　　　乙　乙土地

　　申　請　人　　○○市○○区○○五丁目120番4号
　　　　　　　　　　株式会社○○○○○○○

　　申請人代理人　　土地家屋調査士　○　○　○　○

　　筆界調査委員　　○　○　○　○

　　調査補助職員　　○　○　○　○

上記各対象土地について，次のとおり筆界を特定する。

結　論

　甲1土地と乙土地との筆界及び甲2土地と乙土地との筆界は，別紙筆界特定図面のH1点を始点として，H1点とH2点を直線で結んだ線上又はその延長線上であると特定する。

理由の要旨

第1　前提事実

1　甲1土地及び甲2土地（以下，甲1土地と甲2土地を併せて「甲全土地」という。）は，申請人が，平成27年○月○日，売買を原因として所有権を取得している。

2 乙土地は，株式会社○○建設（以下「乙土地関係人」という。）が，昭和52年○月○日，売買を原因として所有権を取得している。

3 甲1土地及び○○市○○町1185番17（以下，同所に所在する土地は地番のみで表記する。）の北側に隣接する水路（以下「本件水路」という。）は，○○市が所有・管理している。

4 本件筆界付近には，甲全土地，1185番17（以下，甲全土地と1185番17を併せて「申請人全土地」という。），同番27，同番2の西側の一部と，乙土地，1185番5から同番7までの東側の一部により構成された，いわゆる持ち出し道路（以下「本件私道」という。）となっている。

5 申請人は，甲1土地と乙土地との筆界（以下「本件筆界1」という。）及び甲2土地と乙土地との筆界（以下「本件筆界2」といい，本件筆界1と本件筆界2を併せて「本件全筆界」という。）を確認する必要があるところ，乙土地関係人の所在が不明のため，本件全筆界を確認することができないことから，本件全筆界の特定を求めたものである。

第2 申請人の主張

本件全筆界は，本件筆界特定申請書添付の別紙1の図面（以下，同図面中の各点については点名のみで表記する。）の129点と127点を直線で結んだ線である。

その根拠は，1185番27の東側筆界に係る筆界確認書により確認された筆界を基線として，後述する1185番27測量図を復元した128点と127点を直線で結んだ線の北方向に延長した線上に本件全筆界があると判断したからである。

なお，主張する本件全筆界は，本件私道のおおむね中心に位置することからも，当該主張は妥当である。

第3 対象土地等

1 対象土地周辺の現況について
 (1) 甲全土地は，建物の敷地として一体利用されており，1185番17は雑草が繁茂した空き地である。
 (2) 本件水路は，その北側の里道と共に遊歩道として利用されており，当該遊歩道と申請人全土地との筆界付近には，コンクリート製の側溝（以下「本

件北側側溝」という。）が敷設され，当該側溝の民地側肩には，複数の境界標が設置されている。
(3) 本件私道は，近隣住民の往来のための生活道路として使用されている。
(4) 申請人全土地と1185番27との筆界付近には，コンクリートブロック塀（以下「本件ブロック塀」という。）が設置されている。

2 対象土地周辺の分筆等の経緯について

対象土地周辺に係る分合筆等の経緯は，以下のとおりである。
(1) 昭和35年○月○日，1186番が1185番に合筆
(2) 同日，1185番が同番1から同番16までに分筆（以下「本件分筆」という。）
(3) 昭和35年○月○日，1185番1が同番1及び同番17に分筆
(4) 昭和35年○月○日，1185番3が同番3及び同番18に分筆
(5) 同日，1185番18が1185番2に合筆
(6) 昭和36年○月○日，1185番1が同番1（甲1土地）及び同番19（甲2土地）に分筆
(7) 昭和52年○月○日，1185番8が同番4に合筆
(8) 昭和53年○月○日，1185番4が同番4（乙土地），同番20から同番26までに分筆
(9) 昭和60年○月○日，1185番3が同番2に合筆
(10) 同日，1185番2が地積の更正
(11) 昭和61年○月○日，1185番2が同番2及び同番27に分筆
(12) 昭和61年○月○日，1185番2が同番2及び同番28に分筆

したがって，本件全筆界は，本件分筆により創設された筆界である。

なお，○○法務局○○出張所（以下「管轄登記所」という。）には，上記(2)，(3)，(4)及び(6)の分筆に係る分筆申告図面（以下，上記(2)に係る図面を「本件申告図」という。）が保管されており，(8)，(10)，(11)及び(12)に係る地積測量図（以下，(10)に係る図面を「1185番2地積更正図」，(11)に係る図面を「1185番27測量図」及び(12)に係る図面を「1185番28測量図」という。）が備え付けられている。

第4 本件筆界の検討及び判断

1 対象土地周辺の筆界を示す資料

(1) 地図に準ずる図面

管轄登記所には，不動産登記法第14条第4項に規定する地図に準ずる図面（以下「現公図」という。）が備え付けられているほか，その原図である和紙で作成された図面（以下「和紙公図」といい，現公図と和紙公図を併せて「本件公図」という。）が保管されている。

本件公図によると，対象土地周辺の土地の位置，形状及び地番配列は，現況とおおむね合致している。

(2) 分筆申告図面

本件申告図には，1185番2から同番16まで（ただし，同番5から同番7までを除く。）の各土地について，三斜法による求積方法が記載されており，また，同番5から同番7までの各土地については，各辺長が記載され，長方形として四則計算による求積方法が記載されているが，同番1は，残地求積がされている。

なお，1185番1から同番3までと同番4から同番7までの筆界（本件全筆界を含む箇所）の形状は，直線で描画されている。

(3) 地積測量図

ア 1185番2地積更正図には，1185番2について，座標法による求積方法が記載されており，各筆界点の座標値，辺長及び境界標識が記載されているが，当該図面を復元する上で基点となる引照点の記載はない。

イ 1185番27測量図には，1185番27について，座標法による求積方法が記載されており，各筆界点の座標値，辺長及び境界標識が記載されているが，当該図面を復元する上で基点となる引照点の記載がなく，同番2については残地求積されている。

ウ 1185番28測量図には，1185番28について，座標法による求積方法が記載されており，各筆界点の座標値，辺長及び境界標識が記載されているが，当該図面を復元する上で基点となる引照点の記載はなく，同番2については残地求積されている。

(4) ○○市保管資料

ア 明示図面

○○市には，1183番及び1184番6を申請地とする官民境界明示図が保管されており，同図面には1185番27及び同番28と1184番6との筆界について，「昭和61年○月○日，同年○月○日分筆による地積測量図により確認」と記載されている（地積測量図は，順に1185番27測量図及び1185番28測量図である）。

イ　道路位置指定図

○○市には，本件私道及び周辺道路について昭和36年○月○日付け○号道路位置指定図（以下「道路位置指定図」という。）が保管されており，本件私道は道路位置指定を受けた道路であることが確認できる。

また，道路位置指定図によると，本件私道を含む各道路の幅員は4mであり，本件私道と宅地との間に設置された側溝（以下「本件側溝」といい，西側の側溝の道路側の肩を「西側側溝肩」，東側の側溝の道路側肩を「東側側溝肩」という。）が確認できる。

(5)　空中写真

昭和36年に対象土地及びその周辺土地を撮影した空中写真（以下「昭和36年空中写真」という。）によると，道路位置指定図に描画された本件私道を含む道路が敷設され，周辺の宅地には，一部建物が建築されていることが確認できる。

2　本件全筆界の検討及び判断

本件全筆界については，本件分筆に係る本件申告図が存在するものの，本件申告図は現地復元性を有しない図面であるので，本件全筆界を復元するに当たっては，対象土地及びその周辺に係る本件公図，分筆申告図，地積測量図，道路位置指定図等の各種資料，現地の構造物，境界標並びに本件私道の設置の経緯等との整合性を十分考慮した上で，その位置を特定するのが相当である。

なお，本件全筆界の検証に際しては，申請人提出の測量データ（当該測量成果については，点検を経て採用している。）により作成した別紙検討図（以下，同図面中の各点については点名のみで表記する。）を用いるものとする。

(1)　本件私道敷設の経緯の検討

本件申告図，道路位置指定図及び本件私道の利用状況から，本件私道はいわゆる持ち出し道路である。

また，対象土地及びその周辺土地は，昭和36年空中写真から道路を設置した上で宅地開発を行っていることが確認できる。

　　宅地開発が行われた地区において，本件私道のように，土地の一部を提供して構成する持ち出し道路の筆界は，当該道路中心線とするのが一般的であり，道路中心線が適当ではない特段の事情が存在しない限り，あえて中心線以外の位置を筆界とするのは不自然である。

　　本件全筆界は，持ち出し道路の中心線に相当する筆界であることから，本件私道の道路中心位置を求めることが，本件全筆界を求めることとなる。

　　よって，本件私道の道路中心線を次のとおり検討する。

(2) 本件私道中心線の検討

ア　本件私道中心線を復元するに当たっては，本件私道を横断する線（幅員を示す線）を設ける必要があることから，西側道路肩（西側道路肩上の357点と331点を直線で結んだ線，以下「西側線」という。）及び東側道路肩（東側道路肩上の313点と309点を直線で結んだ線，以下「東側線」という。）を設け，以下の検討をする。

イ　まず，西側線上の357点から東側線に向けて本件私道を横断する線を設ける際，検討図中の拡大図Dのとおり，本件私道を横断する線と西側線及び東側線との内角が同一となるように当該横断する線と東側線との交点を求めると，当該横断する線の東端点502点となる。

　　また，357点と502点を結んだ本件私道を横断する線の中間点が465点となる。

ウ　次に，西側線上の331点から東側線に向けて本件私道を横断する線を上記イと同様の手法により求めた横断する線の東端点が，456点となり，331点と456点を結んだ線の中間点が458点となる。

エ　以上により求めた中間点である465点を北端点とし，458点を南端点として，両点を直線で結んだ線が本件私道の中心線（以下「本件中心線」という。）となる。

(3) 本件全筆界の両端点について

ア　前記第3の1(4)のとおり，本件ブロック塀が1185番17と同番27の筆界付近にある構造物と推認されることから，本件ブロック塀南面を1185番17と同番27の筆界と仮定すると，当該ブロック塀南面を西方向に延長し

た線と本件中心線との交点がH1点となる。

また，H1点において，本件ブロック塀南面を西方向に延長した線と本件中心線との内角は，88度52分51秒となり，1185番2地積更正図における相応する角度（座標計算による角度）88度49分41秒とほぼ合致する。

本件全筆界の南端点については，甲2土地と1185番17との筆界を明確に復元する資料がないことから，その南側の1185番17と同番27との筆界と推認される本件ブロック塀の南面の延長線と本件中心線との交点H1点を求めた。

イ 本件全筆界の北端点については，前記第3の1(2)のとおり，本件北側側溝の民地側肩には，複数の境界標が設置されており，申請人全土地と本件水路との筆界が本件北側側溝の民地側肩にあると推認されることから，当該肩と本件中心線を北方向に延長した線との接点がH2点となる。

なお，当該水路を所有・管理している○○市は，本件全筆界の北端点に関する具体的な主張をしていない。

3 本件全筆界の特定

本件申請手続において甲1土地と本件水路との筆界及び甲2土地と1185番5との筆界の特定は求められていないことから，本件全筆界は，H1点を始点として，H1点とH2点を直線で結んだ線上又はその延長線上にあるとするのが相当である。

第5 結 語

以上により，各対象土地の筆界は，結論のとおり特定する。
なお，筆界調査委員の意見も同旨である。

平成○○年○月○日
　　　　　　　　○○法務局
　　　　　　　　　筆界特定登記官　○　○　○　○

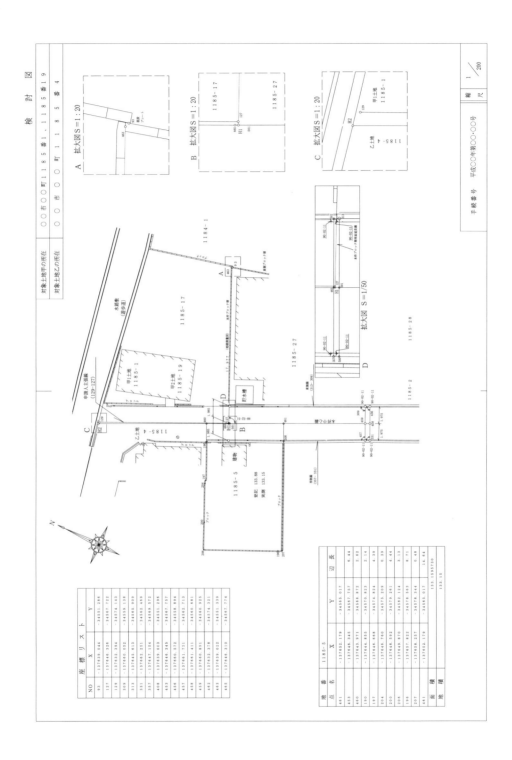

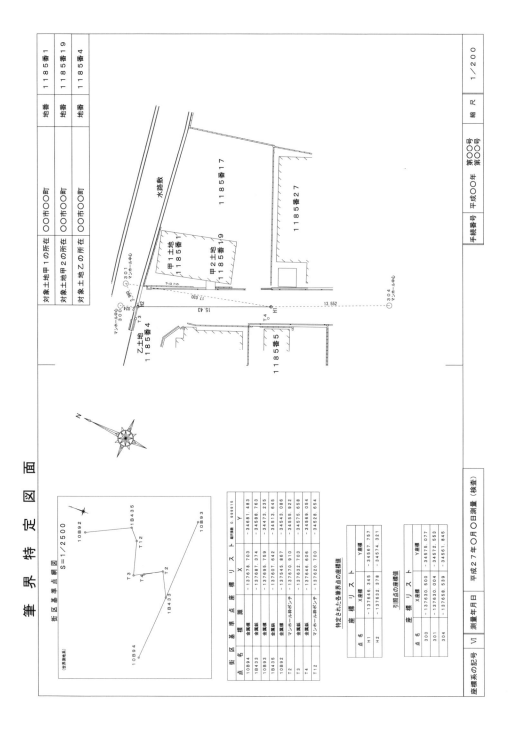

事例 16

分筆により創設された筆界について，申請人が提出した測量成果を，点検を経て採用し，作成した検討図，地図に準ずる図面，分筆申告図，地積測量図，筆界確認書，現地構造物の設置状況及び各土地の占有状況等を考慮して特定した事例

　本件は，申請人が，対象土地Ａと対象土地Ｂとの筆界（以下「本件筆界」という。）を明らかにする必要があるところ，対象土地Ｂの所有権登記名義人の所在が不明のため，本件筆界を確認することができなかったことから，特定を求めて申請された事案である。

　本件筆界は，昭和45年○月の対象土地の分筆（以下「本件分筆」という。）により創設された筆界であり，対象土地周辺の筆界を示す資料としては，地図に準ずる図面，本件分筆により作成された地積測量図，対象土地の元番土地の分筆により作成された分筆申告図，対象土地Ａと関係土地との筆界に関する筆界確認書が存在するが，地積測量図には境界標識及び引照点等の表記がないことから，当該測量図のみをもって，対象土地を復元することはできない。

　そこで，申請人が提出した測量成果を，点検を経て採用し，作成した検討図を用い，地図に準ずる図面，分筆申告図，地積測量図，筆界確認書の各資料と現地構造物の設置状況及び各土地の占有状況との整合性等を考慮した上で，地積測量図を復元し本件筆界を特定したものである。

筆 界 特 定 書

手 続 番 号　　平成○○年第○○号
対 象 土 地　　甲　○○市○○町1728番27
　　　　　　　　　　（以下「甲土地」という。）
　　　　　　　　乙　○○市○○町1728番28
　　　　　　　　　　（以下「乙土地」という。）

申　請　人　　○○○○○区○○一丁目11番7号
　　　　　　　（登記記録上の住所　○○市○○町19番14号）
　　　　　　　○　○　○　○

申請人代理人　　土地家屋調査士　○　○　○　○

筆界調査委員　　○　○　○　○
調査補助職員　　○　○　○　○

上記対象土地について，次のとおり筆界を特定する。

結　　論

　甲土地と乙土地との筆界は，別紙筆界特定図面のＨ１点とＨ２点を直線で結んだ線であると特定する。

理由の要旨

第１　前提事実

1　甲土地は，申請人が，昭和58年○月○日，売買を原因として所有権を取得している。
2　甲土地の南側に隣接する乙土地は，○○○○（以下「関係人○○」という。）が，昭和44年○月○日，売買を原因として所有権を取得している。
3　申請人は，甲土地と乙土地との筆界（以下「本件筆界」という。）を明らかにする必要があるところ，関係人○○の所在が明らかでなく，当該筆界を確認することができなかったとして，本件筆界の特定を求めたものである。

第２　申請人の主張

　本件筆界は，平成28年○月○日提出の意見書に添付された現況平面図（以下「申請人主張図面」という。）のＫ－２点とＫ－３点を直線で結んだ線である。

その根拠は，隣接地所有者と確認した筆界を基線として，第3の2で後述する本件測量図を復元した結果である。

第3 対象土地について

1 対象土地付近の現況について

(1) 甲土地は，その大部分が建物（家屋番号1728番27。以下「本件甲建物」という。）の敷地として利用され，甲土地の南側道路（以下「本件南側道路」という。）及び西側道路（以下「本件西側道路」という。）に，土地の一部を提供している。

(2) 乙土地は，本件南側道路の一部として利用されている。

(3) 甲土地の北側及び西側に隣接する○○市○○町1728番10（以下，「関係土地1」といい，同町に所在する土地については，地番のみで表記する。）は，建物（家屋番号1728番10）の敷地として利用され，本件西側道路に土地の一部を提供している。

(4) 甲土地の北側筆界付近には，コンクリートブロック塀（以下「本件北側ブロック塀」という。）が設置され，関係土地1との占有状況は明確となっている。

(5) 甲土地の南東側に隣接する1728番17（以下「関係土地2」という。）との筆界付近には，コンクリートブロック塀（以下「本件南東側ブロック塀」という。）が設置されている。

(6) 甲土地の北東側に隣接する1728番9及び同番19（家屋番号1728番9の2建物の敷地として一体利用）との筆界付近には，本件南東側ブロック塀の北側端点から同一方向につながるように，施工を異にしたコンクリートブロック塀（以下，「本件北東側ブロック塀」といい，本件南東側ブロック塀と併せて「甲土地東側ブロック塀」という。）が設置されている。

なお，本件北東側ブロック塀の西面は，本件北側ブロック塀の東端と接合している。

2 対象土地の分合筆等の経緯について

対象土地及びその周辺土地に係る分合筆の経緯は，以下のとおりである。なお，対象土地周辺は，昭和42年○月○日，○○市大字○○が同市○○町

に町名変更している（以下，町名変更前の土地についても，地番のみで表記する。）。
(1)　昭和36年○月○日，1728番1が同番1及び同番7ないし同番12に分筆
(2)　昭和45年○月○日，1728番10が同番10（関係土地1），同番27（甲土地）及び同番28（乙土地）に分筆（以下「本件分筆」といい，分筆前の1728番10を「元1728番10」という。）

　　したがって，本件筆界は，本件分筆により創設された筆界であり，○○法務局○○出張所（以下「管轄登記所」という。）には，本件分筆の際に作成された地積測量図（以下「本件測量図」という。）が備え付けられており，かつ，上記(1)の分筆に係る分筆申告図（以下「本件申告図」という。）が保管されている。

第4　本件全筆界の検討

1　対象土地周辺の筆界等を示す資料について
(1)　地図に準ずる図面
　　管轄登記所には，不動産登記法第14条第4項に規定する地図に準ずる図面（以下「本件公図」という。）が備え付けられている。
　　本件公図によれば，甲土地の東側隣接地は関係土地2のみとなっているが，現況の占有関係は，後記2(3)で記述する本件確認書3のとおり，1728番9及び同番19が隣接しており，本件公図と南北方向のずれが生じている。
(2)　本件測量図及び本件申告図
　　ア　本件測量図には，対象土地の各筆界の辺長及び三斜法による求積結果が表記されているが，関係土地1は，いわゆる残地として処理されている。
　　　なお，当該測量図には，境界標識及び引照点等の表記がないことから，当該測量図のみをもって，対象土地を現地復元することはできない。
　　イ　本件申告図における元1728番10の東側及び西側筆界は直線で描画されており，かつ，本件測量図においても当該筆界はいずれも直線で描画されている。

2 甲土地に係る本件筆界以外の筆界について

(1) 甲土地と関係土地1との筆界については，当事者間において，平成27年○月○日付け筆界確認書（以下「本件確認書1」という。）が交わされており，申請人主張図面のK-2点，K-1点及びK-4点を順次直線で結んだ線で確認されている。

(2) 甲土地と関係土地2との筆界については，当事者間において，平成27年○月○日付け筆界確認書（以下「本件確認書2」という。）が交わされており，申請人主張図面のK-3点とK-4点を結んだ線上で確認されている。

(3) 甲土地と1728番9及び同番19との筆界については，当事者間において，平成27年○月○日付け筆界確認書（以下「本件確認書3」という。）が交わされており，申請人主張図面のK-3点とK-4点を結んだ線上で確認されている。

3 本件測量図の復元の検討

本件筆界については，本件分筆により作成された本件測量図が存在するものの，境界標及び引照点の記載がなく，当該測量図のみにより本件筆界を復元することは困難であることから，本件筆界を復元するに当たっては，本件公図，本件申告図，隣接地の地積測量図及び筆界確認書の各資料と現況構造物及び各土地占有状況との整合性等を十分考慮した上で，本件測量図を復元し，その位置を特定するのが相当である。

なお，本件筆界の復元に際しては，別紙検討図（同検討図は，申請人提出の測量成果について，点検を経て採用しており，以下，同検討図の各点は点番のみを表記する。）を用いて行うものとする。

(1) 甲土地北側筆界の検討

ア 本件確認書1によると，甲土地と関係土地1との筆界は，本件北側ブロック塀の北面に沿った線であるとして，当事者間の認識が合致している。

当該ブロック塀は，その経年変化の状態及び設置状況から，本件甲建物の建築に伴い，設置されたものと考えられる。

イ 本件甲建物は，本件分筆とほぼ同時期の昭和45年○月○日に新築されており，当該ブロック塀の設置と本件分筆のための測量時期の前後関係は明確ではないものの，当該ブロック塀が当該分筆により創設された筆

界（以下「本件分筆線」という。）に沿って設置されていると考えるのが自然であり，合理的である。

　ウ　以上のことから，当事者間の認識が合致している本件北側ブロック塀の北面に沿った線を甲土地の北側筆界と認めるのが相当である。

(2)　甲土地東側筆界の検討

　ア　本件確認書2によれば，甲土地と関係土地2との筆界は，本件南東側ブロック塀の西面に沿った線であるとして，当事者間の認識が合致している。

　イ　また，本件確認書3によれば，甲土地と1728番9及び同番19との筆界は，本件北東側ブロック塀の西面に沿った線であるとして，当事者間の認識が合致している。

　ウ　上記ア及びイの筆界確認線は，同一直線上に存在し，本件申告図及び本件測量図における当該筆界の線形と一致している。

　エ　また，本件北東側ブロック塀は，上記(1)イのとおり，本件分筆線を意識して設置された本件北側ブロック塀に接続して設置されていることを勘案すると，甲土地東側ブロック塀は，甲土地の東側筆界に沿って設置されていると判断できる。

　オ　したがって，当事者間の認識が合致している甲土地東側ブロック塀の西面に沿った線を甲土地の東側筆界と認めるのが相当である。

(3)　本件測量図の復元

　ア　本件測量図を作成した当時の測量方法は，平板測量であり，甲土地の各辺長に関しては，実測した数値であると考えられることから，同数値に基づき，本件測量図を復元することが相当である。

　イ　上記(1)及び(2)により復元された甲土地の北側筆界と東側筆界の交点である甲土地の北東端点（K－4点）を起点として，本件北側ブロック塀の北面に沿って，本件測量図の甲土地の北側辺長（9.65m）を確保した位置がK－1点である。

　ウ　また，同様にK－4点を起点として，甲土地東側ブロック塀の西面に沿って，本件測量図の甲土地の東側辺長（16.10m）を確保した位置がK－3点である。

　エ　次に，K－1点を起点として本件測量図の甲土地の西側辺長（14.40m）及びK－3点を起点として本件測量図の甲土地の南側辺長（9.70m）

を確保した位置がK－2点である。
  (4) 以上のことから，上記(1)，(2)及び(3)のとおり，本件測量図を作成した当時の測量方法は，平板測量であり，甲土地の各辺長に関しては，実測した数値であると考えられ，実測された数値であることが認められる甲土地の各辺長に基づき，本件測量図を復元することが相当である。
 4 **本件筆界の特定**
  以上のとおり，本件筆界の位置を示す本件測量図を現地に復元した結果，当該各筆界線の位置及び線形は，本件公図，本件申告図，現況構造物及び筆界確認書とも整合する位置にあると認められる。
  したがって，本件筆界は，別紙検討図のK－2点とK－3点を直線で結んだ線と認めるのが相当である。
  なお，別紙検討図のK－2点及びK－3点を，筆界特定図面においては，H1点及びH2点とする。

第5　結　語

以上により，対象土地の筆界は，結論のとおり特定するのが相当である。
なお，筆界調査委員の意見も同旨である。

　　平成○○年○月○日
　　　　　　　　○○法務局
　　　　　　　　　筆界特定登記官　○　○　○　○

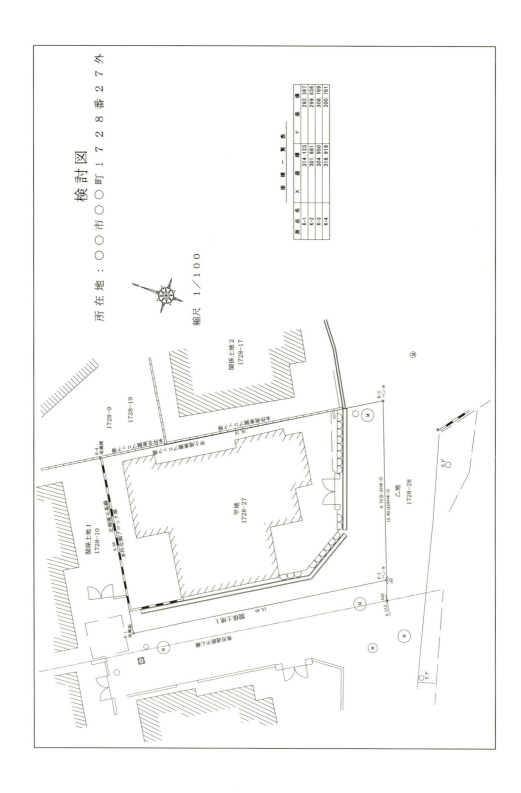

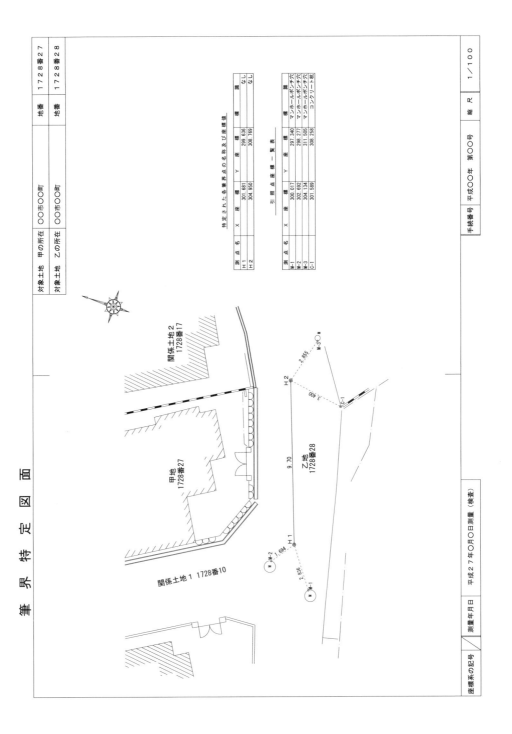

事例 17

分筆により創設された筆界について，申請人が提出した測量成果を，点検を経て採用し，作成した検討図，地図に準ずる図面，分筆申告図，地積測量図，既設境界標識及び現地構造物の設置状況等を総合的に考慮して特定した事例

　本件は，申請人が，対象土地Ａと対象土地Ｂとの筆界（以下「本件筆界」という。）を明らかにする必要があるところ，対象土地Ｂの所有権登記名義人の所在が不明のため，本件筆界を確認することができなかったことから，特定を求めて申請された事案である。

　本件筆界は，昭和35年〇月の対象土地の分筆（以下「本件分筆」という。）により創設された筆界であり，対象土地周辺の筆界を示す資料としては，地図に準ずる図面，本件分筆により作成された分筆申告図，関係土地に係る地積測量図が存在する。

　地図に準ずる図面における対象土地周辺の土地の形状及び地番配列は，現況とほぼ合致しており，本件筆界は直線で描画されている。分筆申告図には，各分筆地の筆界辺長及び三斜法による求積値がそれぞれ記載されているが，各筆界点の座標値及び境界標識等が記載されていないことから，現地復元性を有する図面とはいえない。一方で，対象土地Ａの東側に隣接する申請人所有地の更に東側に隣接する土地には平成25年〇月の分筆により作成された地積測量図があり，同図面には各筆界点について境界標識，世界測地系の座標値及び各引照点までの距離が記載されていることから，現地復元性を有する図面である。

　そこで，申請人が提出した測量成果を，点検を経て採用し，作成した検討図を用い，地図に準ずる図面，分筆申告図，地積測量図の各資料と，既設境界標識及び現地構造物の設置状況との整合性等を考慮した上で，本件筆界を特定したものである。

筆 界 特 定 書

手 続 番 号　　平成○○年第○○号
対 象 土 地　　甲　○○市○○一丁目1619番18
　　　　　　　　　　（以下「甲土地」という。）
　　　　　　　　乙　○○市○○一丁目1619番1
　　　　　　　　　　（以下「乙土地」という。）

申　　請　　人　　○○市○○区○○一丁目11番28号
　　　　　　　　　○　○　○　○

申請人代理人　　土地家屋調査士　○　○　○　○

筆界調査委員　　○　○　○　○

調査補助職員　　○　○　○　○

上記対象土地について，次のとおり筆界を特定する。

結　　論

　甲土地と乙土地との筆界は，別紙筆界特定図面のＨ１点を始点としてＨ２点を直線で結んだ線又はその延長線上であると特定する。

理由の要旨

第1　前提事実

1　甲土地は，申請人が，平成25年○月○日，相続を原因として所有権を取得している。
2　乙土地は，○○○○○が，昭和35年○月○日，売買を原因として所有権を取得している。

3　申請人は，甲土地と乙土地との筆界（以下「本件筆界」という。）を明らかにする必要があるところ，乙土地所有者の所在が知れず，当該筆界を確認することができなかったとして，本件筆界の特定を求めたものである。

第2　申請人の主張

　本件筆界は，本件筆界特定申請書添付の現況測量図（以下，「申請人主張図面」という。）のア点とイ点とを結んだ直線である。
　その根拠は，ア点にはコンクリート杭が設置されており，本件筆界の北端点である。また，乙土地を含む甲土地の西側に隣接する道路（以下「本件私道」という。）の中心部分には，申請人主張図面のとおり，金属鋲が2点設置されており，北側金属鋲とア点との点間距離（1.713m）を基に，南側金属鋲から復元したイ点が本件筆界の南端点である。

第3　対象土地について

1　対象土地付近の現況について
　(1)　対象土地は，高低差のない住宅地域内に存在する。
　(2)　甲土地及びその東側に隣接する○○市○○一丁目1619番17の土地（対象土地周辺は昭和48年○月○日，○○市○○町が○○市○○一丁目に町名変更しているが，以下，町名変更前後にかかわらず同町名の土地については，地番のみで表記し，当該両土地を併せて「申請人全所有地」という。）は，建物敷地として一体利用されている。
　(3)　乙土地及びその西側に隣接する1619番3の東側の一部は，公衆用道路（本件私道）として利用されている。
　(4)　申請人全所有地とその南側に隣接する1623番との間には，申請人全所有地側に高さ約30cmのコンクリートブロック塀（以下「本件南側ブロック塀1」という。）が設置され，その南側には同ブロック塀と約15cmの間隔を保って平行に，高さ約110cmのコンクリートブロック塀（以下「本件南側ブロック塀2」という。）が1623番側に設置されており，利用区分は明確である。
　(5)　申請人全所有地とその東側に隣接する1622番2との間には，高さ約30cmのコンクリートブロック塀が両土地の筆界付近に設置されており，利用区

分は明確である。

2 対象土地の分合筆等の経緯について

対象土地及びその周辺土地に係る分合筆等の経緯は，以下のとおりである。

(1) 昭和31年○月○日，1619番が同番1から同番3までに分筆
(2) 同年○月○日，1619番2が同番2，同番4から同番7までに分筆
(3) 同日，1619番3が同番3，同番8及び同番9に分筆
(4) 昭和35年○月○日，1619番1が同番1，同番13から同番16までに分筆（以下，当該分筆に係る分筆申告図を「35年申告図」という。）
(5) 同年○月○日，1619番1が同番1（乙土地），同番17及び同番18（甲土地）に分筆（以下「本件分筆」といい，当該分筆に係る分筆申告図を「本件申告図」という。）
(6) 昭和38年○月○日，1619番13が同番13（以下「関係土地1」という。）及び同番19に分筆
(7) 昭和50年○月○日，1623番（以下「関係土地2」という。）の地積の更正（以下，当該地積の更正に係る地積測量図を「1623番測量図」という。）
(8) 平成24年○月○日，申請人全所有地の東側隣接地を1622番，南側隣接地を1623番とする地図訂正（以下「本件地図訂正」という。）がされている。
(9) 平成25年○月○日，1622番が同番1及び同番2に分筆（以下，当該分筆に係る地積測量図を「1622番測量図」という。）

3 本件筆界の創設の経緯等について

本件筆界は，本件分筆により創設された筆界であり，○○法務局○○支局（以下「管轄登記所」という。）には，35年申告図，本件申告図及び(6)の分筆に係る申告図が保管され，1622番測量図及び1623番測量図が備え付けられている。

第4　本件筆界の検討及び判断

1　対象土地周辺の筆界等を示す資料について

(1) 地図に準ずる図面

　管轄登記所には，不動産登記法第14条第4項に規定する地図に準ずる図面（以下「本件公図」という。）が備え付けられており，本件公図における対象土地周辺の土地の形状及び地番配列は現況とほぼ合致しており，本件筆界は直線で描画されている。

(2) 地積測量図及び分筆申告図

　ア　35年申告図及び本件申告図には，各分筆地の筆界辺長及び三斜法による求積値がそれぞれ記載されているが，各筆界点の座標値及び境界標識等が記載されていないことから，現地復元性を有する図面ではない。

　　また，本件申告図の申請人全所有地の南側筆界については，本件申告図が作成された後，本件地図訂正により隣接地が相違していることから，当該筆界の対象となる土地が異なっている。

　イ　1623番測量図は，当該測量図が作成された後，本件地図訂正により1623番の北側の隣接地が相違していることから，1623番の北側筆界については，当該筆界の対象となる土地が異なっている。

　ウ　1622番測量図は，各筆界点について境界標，世界測地系の座標値及び各引照点までの距離が記載されていることから，現地復元性を有する図面である。

　　なお，当該測量図上，1619番17の南東角に当たるK6点には筆界点を示す金属標が表記されている。

2　本件筆界の復元について

　本件筆界は，本件分筆により創設された筆界であるが，その際に作成された本件申告図は，現地復元性を有しない図面であり，本件地図訂正により隣接地も相違していることから，当該申告図のみにより本件筆界を復元することは困難である。

　そこで，本件筆界を復元するに当たっては，本件申告図のほか，本件公図，分筆申告図及び地積測量図の各資料と既設境界標識及び現況構造物との整合性等を総合的に検証した上で，その位置を特定するのが相当である。

なお，本件筆界の復元に際しては，別紙検討図（同検討図は，申請人代理人提出の測量成果について点検を経て採用しており，以下，同検討図の各点は点名のみを表記する。）を用いて行うものとする。
(1) 本件筆界北端点の復元
　ア　申請人全所有地の北側筆界付近には，経年劣化が認められるコンクリート杭（SK1点，SK4点及びSK5点）が埋設されており，SK1点とSK4点を結ぶ直線は，申請人全所有地と関係土地1との筆界であることについて当該土地所有者間で認識が合致している。
　　　また，申請人代理人の供述によると，申請人全所有地と1619番14及び同番15の筆界については，SK4点とSK5点を結ぶ直線で当該土地所有者間で筆界確認書を交わす予定であり，申請人全所有地と1619番16との筆界については，SK4点とSK5点を結ぶ直線の東方向への延長線と1622番測量図における1622番2の西側筆界との交点（SK6点）とSK5点を結ぶ直線で，当該土地所有者間で筆界確認書を交わす予定である。
　イ　仮に，SK1点，SK4点，SK5点及びSK6点を順次直線で結ぶ線を申請人所有地の北側筆界とすると，各筆界点間の実測距離は合計37.201mとなり，本件申告図の申請人所有地の北側筆界の辺長及び35年申告図の相応する辺長の合計20.45間（37.181m）との較差0.02mは，不動産登記規則（平成17年2月18日法務省令18号）10条4項1号（国土調査法施行令別表第四）の精度区分甲2（以下「公差」という。）の範囲内で合致している。
　ウ　したがって，SK1点，SK4点，SK5点及びSK6点を順次直線で結ぶ線は，申請人全所有地の北側筆界であると認めるのが相当であり，申請人全所有地の北西角に相当する本件筆界の北端点はSK1点となる。
(2) 本件筆界南端点の復元
　ア　1622番測量図における申請人全所有地の南東角に相当するK6点には，筆界を示す金属標が設置されている。
　　　また，申請人全所有地の南西角付近のSK7点には，境界の方向を示す金属標が設置されており，K6点とSK7点を結ぶ線は，本件南側ブロック塀1と本件南側ブロック塀2との間を通る位置にある。
　イ　本件南側ブロック塀1と本件南側ブロック塀2とは，どちらも経年劣化が認められ，申請人全所有地と関係土地2の占有状態は明確で長年安

定していることから，SK3点とSK7点を結ぶ線（以下「本件南側方向線」という。）は，申請人全所有地の南側筆界を示していると認めるのが相当である。

　　なお，本件南側方向線は，申請人全所有地と関係土地2との筆界の方向を示していることについて，申請人及び関係土地2所有者の認識が合致している。

ウ　したがって，本件南側方向線上において，SK3点を起点として，西方向に本件申告図の南側辺長20.33間（36.963m）を確保した点がS11点となる。

3　本件筆界の特定

以上のとおり，SK1点とS11点とを結んだ線は，申請人全所有地と周辺土地との占有状態，本件公図及び本件申告図とも整合する位置にあると認められる。

したがって，本件筆界は，別紙検討図のSK1点とS11点とを直線で結んだ線とするのが相当であるところ，本件申請が，甲土地と関係土地2との筆界を求めるものではないことから，結論のとおり特定する。

また，検討図上のSK1点及びS11点を筆界特定図面においては，それぞれH1点及びH2点とする。

第5　結　語

以上により，対象土地の筆界は，結論のとおり特定するのが相当である。
なお，筆界調査委員の意見もほぼ同旨である。

　　平成〇〇年〇月〇日
　　　　　　　　〇〇法務局
　　　　　　　　　筆界特定登記官　　〇　〇　〇　〇

事例17

平成○○年第○○号

所在：○○市○○一丁目

検 討 図

縮尺 1/200

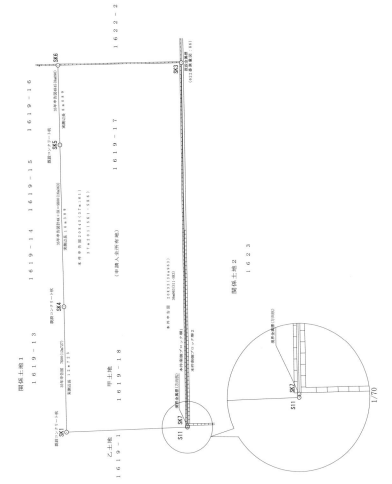

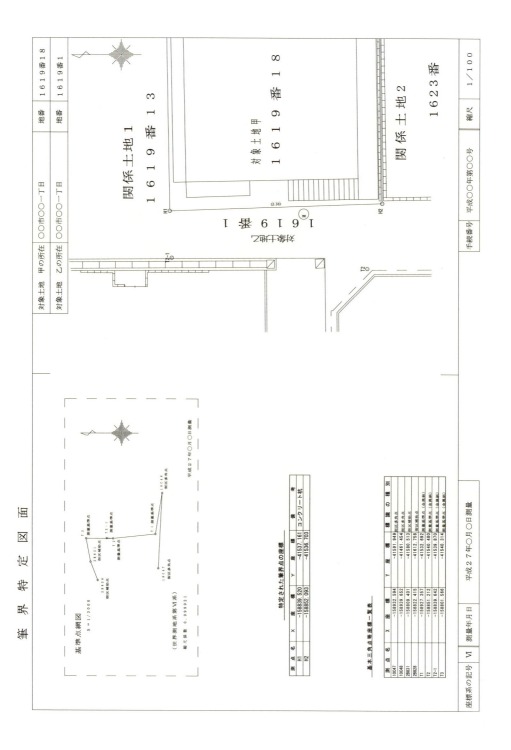

事例 18

分筆により創設された筆界について，申請人が提出した測量成果を，点検を経て採用し，作成した検討図，地図に準ずる図面，地積測量図，境界点成果，筆界確認書，境界標識及び現地構造物の設置状況等を総合的に考慮して特定した事例

　本件は，申請人が，対象土地Ａを売却するため，対象土地Ｂ１との筆界（以下「筆界１」という。）及び市道である対象土地Ｂ２との筆界（以下,「筆界２」といい，筆界１及び筆界２を併せて「本件全筆界」という。）を明らかにする必要があったが，対象土地Ｂ１の所有権登記名義人である関係人と立会いに至らなかった。また，筆界２については，市の担当者と立会い申請書添付の現況実測平面図のとおり同意を得たが，筆界１が未定であるため，筆界２の南端点を確認することができなかったことから，本件全筆界の特定を求めて申請された事案である。

　本件全筆界は，昭和54年○月の対象土地の分筆（以下「本件分筆」という。）により創設された筆界であり，対象土地周辺の筆界を示す資料としては，地図に準ずる図面，本件分筆により作成された地積測量図，対象土地Ｂ２と周辺土地との間に埋設されている市鋼杭について座標値等が表記されている境界点成果，対象土地Ａと関係土地との筆界に関する筆界確認書が存在する。

　地図に準ずる図面における対象土地周辺の土地の位置，形状及び地番配列は，現況とおおむね合致する。現地に残存する市鋼杭は，設置位置を検査した結果，その位置誤差は数㎜であり精度区分の甲２の範囲内であることから，当該市鋼杭から地積測量図に係る分筆地の各筆界を復元することが可能である。また，筆界確認書は，確認された筆界の線形，方向等が，地図に準ずる図面及び地積測量図と矛盾しないことに加え，その位置が，現地構造物との位置関係からも妥当であることから，本件全筆界を特定する資料となる。

　そこで，申請人が提出した測量成果を，点検を経て採用し，作成した検討図を用い，地図に準ずる図面，地積測量図，境界点成果，筆界確認書，境界標識及び現地構造物の設置状況等を総合的に考慮した上で，本件全筆界を復元し，特定したものである。

筆 界 特 定 書

手 続 番 号　平成○○年第○○号
対 象 土 地　甲　○○市○○町二丁目1121番10
　　　　　　　　　（以下「甲土地」という。）
　　　　　　　乙　○○市○○町二丁目1121番11
　　　　　　　　　（以下「乙1土地」という。）

手 続 番 号　平成○○年第○○号
対 象 土 地　甲　甲土地
　　　　　　　乙　○○市○○町二丁目1121番8
　　　　　　　　　（以下「乙2土地」という。）

申　　請　　人　　○○市○○区○○町四丁目14番28号
　　　　　　　　　○　○　○　○

承　　継　　人　　○○市○○区○○一丁目11番88号
　　　　　　　　　○○○○○株式会社

承継人代理人　　　土地家屋調査士　○　○　○　○

筆界調査委員　　　○　○　○　○
調査補助職員　　　○　○　○　○

上記各対象土地について，次のとおり筆界を特定する。

結　　論

1　平成○○年第○○号について
　甲土地と乙1土地との筆界は，別紙筆界特定図面のＨ1点とＨ2点を直線で結んだ線であると特定する。

2 平成○○年第○○号について

　甲土地と乙2土地との筆界は，別紙筆界特定図面のH1点とH3点を直線で結んだ線であると特定する。

理由の要旨

第1　事案の概要

1　甲土地は，申請人が平成26年○月○日，相続を原因として所有権を取得していたが，本件筆界特定申請後の平成27年○月○日，申請人から承継人に売却され，同承継人は所有権の移転の登記が完了した上で，同年○月○日，本申請について申請人の地位を承継する申出をしている。

2　乙1土地は，○○○○（以下「関係人○○」という。）が，平成14年○月○日，競売による売却を原因として所有権を取得している。

3　乙2土地は，○○市が，昭和54年○月○日，都市計画法第40条第2項による帰属を原因として所有権を取得している。

4　申請人は，甲土地を売却するため，甲土地と乙1土地との筆界（以下「本件筆界1」という。）及び甲土地と乙2土地との筆界（以下「本件筆界2」といい，本件筆界1及び本件筆界2を併せて「本件全筆界」という。）を明らかにする必要があったが，本件筆界1については，関係人○○と立会いに至らなかった。

　また，本件筆界2については，○○市の担当者と立会いし，本件筆界特定申請書添付の現況実測平面図（以下「申請人主張図面」という。）のとおり同意を得たが，本件筆界1が未定であるため，本件筆界2の南端点を確認することができないとして，本件全筆界の特定を求めたものである。

第2　申請人の意見

　本件筆界1は，乙1土地に設置されたブロック塀の北面に沿った線（申請人主張図面のK2点とK3点を結んだ線）であり，また，本件筆界2は，対象土地間に設置された側溝に沿った線（申請人主張図面のK1点とK2点を結んだ線）であると主張する。

　その根拠は，昭和54年に甲土地周辺を分筆する際に設置したと思われる境界

標が現地（K2点）に存在していること，また，測量の結果，〇〇法務局〇〇出張所（以下「管轄登記所」という。）に保管されている昭和54年〇月〇日作成の地積測量図の辺長と境界標及び構造物の設置位置がおおむね一致するからである。

第3　対象土地周辺の状況及び関係資料等の検討

　以下の対象土地付近の状況，本件全筆界の検討に当たっては，別紙検討図（以下，同図面の点については点名のみを表記する。また，申請人主張図面と同一の点名は，同一の点を表す。）を用いる。当該検討図は，申請人代理人提出の測量成果，下記4(3)で後述する現地復元性を有する市境界点成果等に基づいて作成したものである。なお，申請人代理人提出の測量成果については，点検を経て採用している。

1　対象土地周辺の状況

　以下，正確な方位とは異なるが，記述の便宜上，甲土地に対し隣接する乙1土地側を南，乙2土地側を東として表記する。

(1)　対象土地周辺は，元々は地目が山林であり，東から西へ下る丘陵地であったが，現在は，居宅用の建物が建ち並ぶ住宅地である。

(2)　甲土地は，現在，更地の状態である。甲土地と乙1土地との筆界付近には，高さ約1.7mのアルミフェンス付きのコンクリートブロック塀が設置され，甲土地と乙2土地との筆界付近には，側溝（以下「本件側溝」という。）が敷設されている。

　また，甲土地と〇〇市〇〇二丁目1119番3（以下「関係土地1」という。なお，同所の土地については地番のみで表記する。）及び1120番3との筆界付近には，高さ約1mのコンクリートブロック塀（以下「甲土地西側ブロック塀」という。）が，甲土地と1121番9（以下「関係土地2」という。）との筆界付近には，U字溝及びコンクリートブロック塀（以下「関係土地2ブロック塀」という。）が設置されている。

(3)　甲土地と関係土地1及び1120番3とは高低差があり，甲土地側が約1.5m高い。

(4)　乙1土地は，居宅用の建物の敷地として利用されている。

(5) 乙2土地は，○○市が所有・管理する道路として利用されている。

2 対象土地の分筆の経緯について

昭和54年○月○日，1121番1が，同番1，同番8ないし同番14に分筆（以下「本件分筆」という。）

なお，管轄登記所には，本件分筆に係る地積測量図（以下「本件測量図」という。）が保管されている。

3 本件全筆界の創設について

本件全筆界は，本件分筆により創設された筆界である。

4 対象土地周辺の筆界等を示す資料

(1) 地図に準ずる図面等

管轄登記所には，不動産登記法第14条第4項の地図に準ずる図面（以下「現公図」という。）が備え付けられており，当該図面における対象土地周辺の土地の位置，形状及び地番配列は現況とほぼ一致している。

(2) 本件測量図

本件測量図には，甲土地，乙1土地及び乙2土地の3筆交点を含む本件分筆により創設された乙2土地の筆界点の一部に「矢印金鋲」の表記があり，同金鋲が示す位置には，1121番12及び同番13との筆界付近のものを除き，本件側溝の宅地側肩に沿って○○市鋼杭（以下「市鋼杭」という。）が埋設されている。

また，本件測量図における乙2土地の北東及び北西部分は，南北の幅が0.15mの東西に細長い形状であり，当該南北の幅は，現地における本件側溝の肩の幅と合致する。

なお，当該測量図には，分筆地の各筆界の辺長及び三斜法による求積のための辺長が記載され，本件全筆界の線形は直線で描画されている。

(3) ○○市保管資料

ア ○○市には，乙2土地と1121番1及び同番9との間に埋設されている市鋼杭について，○○市境界点成果（以下「市境界点成果」という。）が保管されており，同成果には，各境界点の座標値等が表記されている。

イ 現地において，TY11200003点（この点を含み10桁の英数字で示された境界

点については，下3桁を使って「003点」のように表記する。）及び004点に境界標を確認することができないが，座標値により，その位置を復元することが可能である。

ウ　市境界点成果では，002点と005点の点番が抜けている。この2点は，同成果の点番の付け方から，NO8点の市鋼杭とその対側にあるNO2点の市鋼杭であると推認できる。この2点の座標値の存否について，○○市に確認したところ，点番を取り，測量したが，何らかの理由で採用しなかったと思われるとの回答であった。

エ　残存する市鋼杭の位置を検査した結果，その位置誤差は数mmであり，不動産登記規則（平成17年2月18日法務省令第18号）第10条第4項第1号の精度区分（国土調査法施行令別表第四に掲げる精度区分）甲2（以下「公差」という。）の範囲内の数値であることから，現地に残存する市鋼杭から本件測量図に係る分筆地の各筆界を復元することが可能である。

(4) 筆界確認書

申請人は，次の筆界確認書を提出している。

ア　甲土地と関係土地1及び1120番3との筆界に関する筆界確認書

同筆界確認書によれば，当該筆界が，甲土地西側ブロック塀の西面に沿ったK3点とK4点とを直線で結んだ線で確認されている。

イ　甲土地と関係土地2との筆界に関する筆界確認書（以下「甲土地北側筆界確認書」という。）

同筆界確認書によれば，当該筆界が，関係土地2ブロック塀の南面に沿ったK1点とK4点とを直線で結んだ線で確認されている。

ウ　本来，筆界確認書は，当事者双方が，将来的な紛争を避けるため，既存の筆界についての認識を確認する行為であり，その確認の結果は，一般的に，公図及び地積測量図と矛盾しない限り，公法上の筆界を確認するに当たり，資料とすることができる。

なお，上記ア及びイの筆界確認書は，確認された筆界の線形，方向等が現公図及び本件測量図と矛盾しないことに加え，その位置が現地の構造物の位置関係からも妥当であることから，本件全筆界を特定する資料となる。

第4　本件全筆界に対する判断

　本件全筆界は，本件分筆により創設された筆界であることから，本件測量図を復元することにより特定すべきであるが，当該測量図は現地復元性を有する図面とはいえない。

　よって，本件全筆界の特定に当たっては，本件測量図，現公図，○○市保管資料，筆界確認書，境界標識及び現地構造物等を総合的に考慮して，本件全筆界を復元するのが相当である。

1　本件筆界2の復元について

(1)　前記第3の4(2)のとおり，本件測量図には，甲土地，乙1土地及び乙2土地の3筆交点に「矢印金鋲」の記載があり，当該3筆交点付近には市鋼杭（NO8点）が存在する。

　また，現地において本件側溝の宅地側肩に沿って残存する市鋼杭間の距離は，上記第3の4(3)エのとおり本件測量図において相当する矢印金鋲間の辺長とも一致することから，本件分筆によって創設された乙2土地と西側に隣接する各土地との筆界は，本件側溝の宅地側肩に沿った位置にあると判断できる。

(2)　甲土地の北東角とするK1点について，006点を基点にK1点までの実測距離と本件測量図の辺長とを比較したところ，別紙検討図の別表のとおり公差の範囲内で一致する。

(3)　また，市綱杭が設置されたNO8点について，同様にK1点とNO8点を結ぶ直線の実測距離と本件測量図の辺長とを比較したところ，別紙検討図の別表のとおり公差の範囲内で一致する。

(4)　一方，本件測量図において，市境界点成果における006点から004点までの距離が，各分筆地の間口辺長とは別に記載されていることから，本件測量図は，乙2土地の西側筆界を直線として作成された図面であると判断できる。

(5)　しかしながら，本件側溝の宅地側肩に沿って，甲土地の北東角には，甲土地北側筆界確認書で確認されたK1点（新設金属標），同土地の南東角にはNO8点（市鋼杭）が存在し，点検測量の結果，006点と004点とを結ぶ直線に対し，K1点は22mm宅地側に，NO8点は15mm宅地側にそれぞれ位

置している。
(6) 上記(1)のとおり，本件筆界2は，本件側溝の宅地側肩に沿った位置にあると判断でき，また，上記(2)及び(3)の検証結果を踏まえ，分筆時から存在すると考えられる市鋼杭（NO8点）は，甲土地，乙1土地及び乙2土地との3筆交点として埋設されたとするのが相当であり，加えて，006点と004点を結ぶ直線上に本件筆界2があるとするよりも，本件側溝の宅地側肩に沿ったK1点及びNO8点を本件筆界2の両端点とする方が，別紙検討図の別表のとおり本件測量図における甲土地の各辺長と実測距離との誤差がより少なくなることが認められる。
(7) 以上により，本件筆界2は，K1点とNO8点を直線で結んだ線とするのが相当である。

2 本件筆界1の復元について
(1) 甲土地の北西角とするK4点について，038点を基点に同点からK4点までの実測距離と本件測量図の辺長とを比較したところ，別紙検討図の別表のとおり公差の範囲内で一致する。
(2) また，同様に甲土地の南西角とするK3点について，K4点とK3点を結ぶ直線の実測距離と本件測量図の辺長を比較したところ，別紙検討図の別表のとおり公差の範囲内で一致する。
(3) さらに，K4点とK1点及びNO8点とK3点を結ぶ直線の実測距離と本件測量図の各辺長を比較したところ，別紙検討図の別表のとおり公差の範囲内で一致する。これにより，上記1，同2(1)及び(2)により甲土地の外周筆界としたK1点，NO8点，K3点，K4点及びK1点を順次直線で結んだ線は，本件測量図における形状及び辺長と一致し，甲土地の外周筆界に設置されたブロック塀等の構造物の位置関係とも一致することから，本件測量図上の甲土地の各筆界点を復元した点とするのが相当である。
(4) 以上により，本件筆界1は，NO8点とK3点を直線で結んだ線とするのが相当である。

3 本件全筆界の特定について
以上のことから，本件筆界1は，NO8点とK3点とを直線で結んだ線，本件筆界2は，NO8点とK1点とを直線で結んだ線であるとするのが相当

である。

　なお，筆界特定図面においては，NO8点，K3点及びK1点を，H1点，H2点及びH3点として表示する。

第5　結　語

以上により，対象土地の各筆界は，結論のとおり特定するのが相当である。なお，筆界調査委員の意見も同旨である。

　平成○○年○月○日
　　　　　　　　　　○○法務局
　　　　　　　　　　　筆界特定登記官　　○　○　○　○

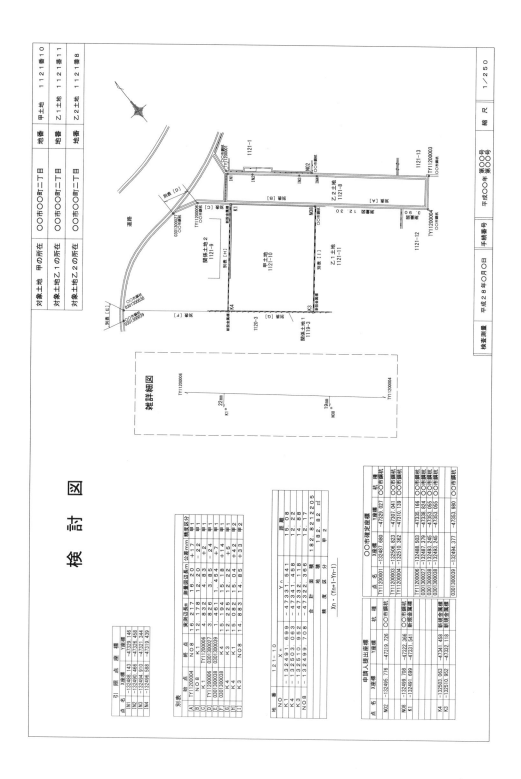

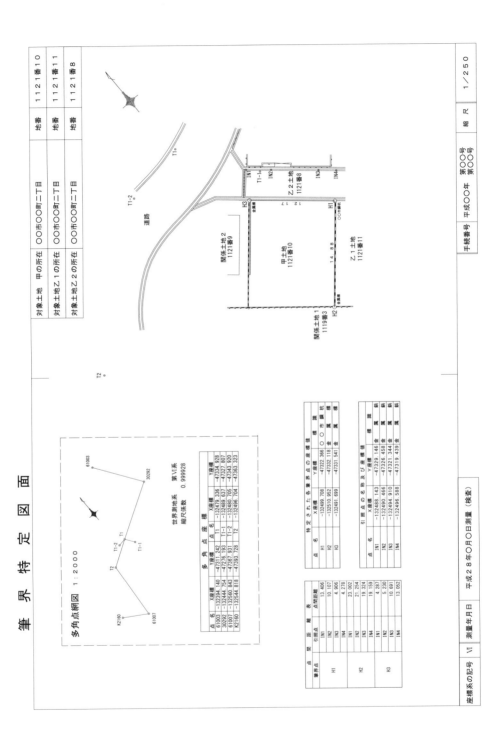

事例 19

分筆により創設された筆界について，申請人が提出した測量成果を，点検を経て採用し，作成した検討図，地図に準ずる図面，分筆申告図，道路境界明示図等を総合的に判断して特定した事例

本件は，申請人が，対象土地Aと対象土地Bとの筆界（以下「本件筆界」という。）を確認する必要があったところ，対象土地Bの所有権登記名義人と本件筆界について認識が相違しているとして，本件筆界の特定を求めて申請された事案である。

本件筆界は，昭和26年○月の対象土地の分筆（以下「本件分筆」という。）により創設された筆界である。対象土地周辺の筆界等を示す資料としては，本件分筆により作成された分筆申告図のほか，地図に準ずる図面がある。分筆申告図には，対象土地及び関係土地等の三斜法による求積結果が記載されているが，境界標識や引照点は記載されていない。地図に準ずる図面における対象土地周辺の土地の位置，形状及び地番配列は，おおむね現況と合致しており，対象土地A及び関係土地と対象土地Bとの筆界の線形は直線である。本件筆界は，この直線の一部分である。また，市保管の平成22年道路境界明示図があり，これには，道路区域明示線等が記載されており，基準点及び道路区域点の座標値のほか，基準点の境界標識の種類，引照点及び道路幅員の記載があることから，これに基づき，道路区域明示線等を現地に復元することが可能である。さらには，対象土地周辺の分筆の際に設置された境界標についても，現地復元性を有する地積測量図と矛盾しないことから，一定の信ぴょう性が認められる。

そこで，申請人が提出した測量成果を，点検を経て採用し，作成した検討図を用い，地図に準ずる図面，分筆申告図，道路境界明示図等により，本件筆界を復元し，対象土地等の面積を検証して特定したものである。

筆 界 特 定 書

手 続 番 号　　平成○○年第○○号

対 象 土 地　　甲　〇〇市〇〇区〇〇二丁目1166番4
　　　　　　　　　　（以下「甲土地」という。）
　　　　　　　　乙　〇〇市〇〇区〇〇二丁目1166番3
　　　　　　　　　　（以下「乙土地」という。）

申　　請　　人　　〇〇府〇〇市〇〇三丁目11番7号
　　　　　　　　（登記上の本店　〇〇府〇〇市〇〇町一丁目148番21号）
　　　　　　　　〇〇〇〇株式会社

申請人代理人　　土地家屋調査士　〇　〇　〇　〇

筆界調査委員　　　〇　〇　〇　〇
調査補助職員　　　〇　〇　〇　〇

上記対象土地について，次のとおり筆界を特定する。

結　論

甲土地と乙土地との筆界は，別紙筆界特定図面のＨ１点を始点として，Ｈ１点とＨ２点とを直線で結んだ線上又はその延長線上であると特定する。

理由の要旨

第1　前提事実

1　甲土地と乙土地の筆界（以下「本件筆界」という。）は，昭和26年〇月〇日，1166番が1166番1ないし1166番6に分筆（以下「本件分筆」という。）したことにより創設された筆界である。本件分筆の際に作成された分筆申告図（以下「昭和26年申告図」という。）が〇〇法務局（以下「管轄登記所」という。）に保管されている。

2　申請人は，昭和43年〇月〇日，売買により甲土地の所有権を取得している。

3 ○○○○（以下「関係人○○」という。）は，昭和54年○月○日，相続により乙土地の所有権を取得している。
4 申請人は，本件筆界を確認する必要があるところ，申請人と関係人○○の本件筆界についての認識が相違しているとして，本件筆界の特定を求めている。

第2　申請人の主張

　本件筆界は，筆界特定申請書に添付の筆界特定申請図のKS14点とKS13点を直線で結んだ線（以下「申請人主張線」という。）である。

　その根拠は，①本件筆界が本件分筆による創設筆界であること，②本件分筆の際に作成された昭和26年申告図が現存すること，③関係人○○の証言のとおり，KS32点及びKS15点の位置には石杭が埋設されており，この石杭の位置を筆界線を判断する上で根拠とすべきこと，④上記の石杭は分筆時に埋設されたことが推定されること，⑤昭和26年申告図によれば，乙土地西側間口寸法は7.81mであり，申請人主張線を本件筆界とすれば，乙土地西側間口寸法は7.92mとなり十分な余裕があること，⑥乙土地の面積は登記面積を充足していることである。

第3　現況及び関係資料について

1　対象土地周辺の状況
　(1)　対象土地周辺は平たんな住宅地である。
　(2)　対象土地等の隣接関係は別紙検討図（以下，同図の各点については点名のみで表記する。）のとおりである。
　(3)　甲土地は，共同住宅（以下「甲建物」という。）の敷地であり，○○市○○区○○二丁目1166番5（以下，同所に所在する土地は地番のみを表記する。），1166番6，1166番7及び1121番9と一体利用されている。乙土地は，居住用住宅（以下「乙西側建物」という。）及び居住用住宅兼店舗（倉庫）（以下「乙東側建物」という。）の敷地であり，1165番と一体利用されている。1157番11（以下「関係土地1」という。）及び1157番5は共同住宅の敷地である。1166番2（以下「関係土地2」という。）は居住用住宅の敷地である。ただ

し，乙土地，1165番及び関係土地２の東側部分は○○市が認定・管理している道路（以下「本件道路」という。）の敷地となっている。

また，1166番７及び1121番９の南側部分についても公衆用道路の敷地である。乙東側建物の基礎（南側）からＰ16点とＰ17点を通る線上までの部分は犬走りとなっている。

(4) KS32点及びKS15点の位置には石杭が，KS10点，KS11点，Ｐ11点及びＰ12点の位置には金属プレートが，KS７点，KS８点及びKS９点の位置には金属鋲がそれぞれ設置されている。

2 地図に準ずる図面

管轄登記所には，不動産登記法第14条第４項に規定する地図に準ずる図面（以下「本件公図」という。）が備え付けられている。本件公図における対象土地周辺の土地の位置，形状及び地番配列はおおむね現況と合致している。ただし，本件公図における1157番10，1158番19及び1165番の三筆の接点は，関係土地１と1165番との筆界よりも西側に位置するが，現況においては，別紙検討図のとおり，上記の接点には石杭（KS32点）が設置されており，同石杭は，関係土地１と1165番との筆界の延長線上に位置している。

本件公図上，甲土地及び関係土地２と乙土地との筆界の線形は直線であり，本件筆界はこの直線の一部分である。

3 分筆申告図及び地積測量図

(1) 昭和26年申告図には，1166番４（甲土地），1166番３（乙土地），1166番２（関係土地２），1166番５及び1166番６の三斜法による求積結果が記載されているが，境界標や引照点は記載されていない。

また，昭和26年申告図には，甲土地の北側の筆界辺長と1166番５の南側の筆界辺長とが同じ数値（4.00間）で記載されており，甲土地の西側及び東側の筆界辺長，1166番５の西側及び東側の筆界辺長及び関係土地２の東側の筆界辺長も同じ数値（4.10間）で記載されていることから，甲土地と1166番５とは同形である。また，関係土地２の北側及び南側の筆界辺長が同じ数値（7.30間）で，乙土地の西側及び東側の筆界辺長も同じ数値（4.30間）で記載されている。乙土地の三斜法による辺長の高さは同じ数値（4.00間）となっており，底辺の数値（12.15間）が共通である。

昭和26年申告図の上記の辺長及び三斜法による辺長の記載からは，甲土地と関係土地２の北側筆界（本件筆界を含む），甲土地と関係土地２の南側筆界及び乙土地の北側筆界はそれぞれ平行な直線であるといえる。また，甲土地と1166番５及び乙土地の西側筆界，甲土地と1166番５の東側筆界，乙土地と関係土地２の東側筆界もそれぞれ平行な直線といえる。

(2)　昭和28年○月○日，1166番１が1166番１，1166番７及び1166番８に分筆した際に作成された分筆申告図（以下「昭和28年申告図」という。）には，1166番７及び1166番８の三斜法による求積結果が記載されているが，境界標や引照点は記載されていない。

　　　また，昭和28年申告図には，1166番８の西側及び東側の筆界辺長が同じ数値（6.10間）で記載されており，1166番８の三斜法による辺長の高さは同じ数値（4.70間）となっており，底辺の数値（9.50間）が共通である。

　　　昭和28年申告図の1166番８の辺長及び三斜法による辺長の記載からは，1166番８の南側筆界と北側筆界は平行な直線であるといえ，1166番８の西側筆界と東側筆界も平行な直線といえる。

(3)　平成５年○月○日，1157番６が1157番６及び1157番10に分筆した際に作成された地積測量図（以下，「平成５年測量図」という。）には，関係土地１を分筆する前の1157番５と1165番との筆界の延長線上に，1157番10，1158番19及び1165番の三筆の接点が表示されている。平成５年測量図における同接点の位置関係は，本件公図と相違するが，現況とは合致している。

(4)　平成７年○月○日，1166番８（以下，分筆前の1166番８を「分筆前1166番８」という。）が1166番８及び1166番10ないし1166番12に分筆した際に作成された地積測量図（以下「平成７年測量図」という。）には，1166番８が残地処理であるが，1166番10ないし1166番12の辺長及び各筆界点の座標値の記載がある。また，1166番10の南西角と南東角及び1166番12の北西角と北東角には金属プレートが，1166番８の北東角には金属鋲がそれぞれ設置されている旨とともに引照点の記載もあり，平成７年測量図は現地復元性を有する図面である。なお，1166番10の南西角の金属プレート（KS11点），1166番10の南東角の金属プレート（P11点）及び1166番12の北東角の金属プレート（P12点）が現地で確認することができる。

(5)　平成８年○月○日，1166番１が1166番１及び1166番13ないし1166番15に分筆した際に作成された地積測量図（以下「平成８年測量図」という。）には，

1166番1が残地処理であるが，1166番1及び1166番13ないし1166番15の辺長，各筆界点の境界標の種類の記載がある。平成8年測量図は現地復元性を有する図面である。また，各筆界点の境界標のうち，1166番13と1166番10との筆界の東端点及び西端点の金属プレート（KS11点及びP11点），1166番1の西側筆界の北端点の金属プレート（KS10点）及び1166番1の西側筆界の南端点の金属鋲（KS9点）が現地で確認することができる。

(6) 平成27年○月○日，1157番5が1157番5及び1157番11（関係土地1）に分筆した際に作成された地積測量図（以下「平成27年測量図」という。）は，各筆界点，基準点及び引照点の座標値や境界標の種類の記載があり，現地復元性を有する図面である。平成27年測量図の作成者は申請人代理人である。KS15点の石杭は，平成27年測量図のKS15点の石杭と同一である。平成27年測量図によれば，関係土地1の東側筆界は直線であるとともに，この直線上にKS15点（1165番の南西角の筆界点）が存する。

4 道路明示図（○○市保管）

(1) 1158番2と1158番3とを申請地とする道路境界明示図（昭和60年○月○日○○市指令（道明）○号）及び1166番1を申請地とする道路境界明示図（平成8年○月○日○○市指令（道明）○号）には，道路肩石を基準に道路境界としている旨，及び道路幅員が記載されている。

(2) 1160番1を申請地とする道路区域明示図（平成22年○月○日付け○○○○第○号，以下「平成22年明示図」という。）には，道路区域明示線とともに道路区域予定線が記載されており，基準点及び道路区域点の座標値のほか，基準点の境界標の種類，引照点及び道路幅員の記載がある。

平成22年明示図に基づき，上記の道路区域明示線及び道路区域予定線を現地に復元することが可能である。

第4 本件筆界の検討

本件筆界を検討するに当たっては，別紙検討図（同図は申請人代理人が提出した測量成果に基づき作成したものであり，同測量成果は点検を経て採用している。）を用いる。

1 既設境界標について
(1) 平成7年測量図及び平成8年測量図には，1166番10の南西角及び南東角の筆界点の境界標として，KS11点及びP11点の金属プレートが記載されている。
(2) 平成27年測量図には，1165番の南西角の筆界点の境界標として，KS15点の石杭が記載されている。1165番の西側筆界が，KS32点及びKS15点の石杭を直線で結んだ線とすれば，平成27年測量図と矛盾しない。
(3) 以上のことから，KS11点及びP11点の金属プレート，KS32点及びKS15点の石杭には一定の信ぴょう性が認められ，本件筆界を検討するに当っては，これら既設境界標を直線で結んだ線を基線とすることができると考える。

2 甲土地及び関係土地2と乙土地との筆界の復元
(1) 昭和26年申告図及び昭和28年申告図における辺長，三斜法による辺長及び図形から，対象土地等の土地区画はおおむね長方形と認められることから，以下のとおり，甲土地及び関係土地2と乙土地との筆界を復元する。
(2) KS11点とP11点とを直線で結んだ線の延長線とKS15点との垂線距離は26.680mとなる。昭和26年申告図及び昭和28年申告図における上記の垂線距離に対応する辺長26.364m（14.50間＝4.30間＋4.10間＋6.10間）と垂線距離26.680mとを比べると，上記の申告図の辺長には102.20％の縄延び率が認められる。この縄延びは，甲土地，乙土地及び分筆前1166番8の三筆で同等と考えられるから，昭和26年申告図及び昭和28年申告図の辺長に対して縄延び分を按分した上で，KS11点とP11点とを直線で結んだ線及びKS32点とKS15点とを直線で結んだ線とを基線として，甲土地及び関係土地2と乙土地との筆界を現地に復元するとC5点とC12点とを直線で結んだ線となる。

なお，KS32点とKS15点とを直線で結んだ線の延長線上において，乙土地と関係土地1との筆界に相当する辺長に縄延び分を按分した後の辺長7.912mをKS15点から移動した地点がC5点である。本件道路内の対象土地等の区画は現況の道路幅の中心までと考えられるから，現況の道路幅員から道路中心線を想定した上で，C5点及びKS15点を起点とした，KS11点とP11点とを直線で結んだ線の平行線と道路中心線との交点がC12点

及びC13点である。また，C5点とC12点とを直線で結んだ線と本件道路の道路区域予定線との交点がC6点であり，C5点を起点として，C6点の方向への直線上を，昭和26年申告図の辺長7.272m（4.00間）を移動した地点がC7点である。

(3) 甲土地及び関係土地2と乙土地との筆界がC5点とC12点とを直線で結んだ線とした場合，甲土地，1166番5，1166番6及び1166番7の実測面積の合計は登記面積の合計に対して101.33％，乙土地の実測面積は登記面積に対して102.42％（なお，1157番10，1158番19及び1165番の三筆の接点の位置関係について，本件公図と現況とが相違していることから，1165番の登記面積を参考としない。），関係土地2の実測面積は登記面積に対して105.58％となり，一定の整合性が認められる。

(4) C5点とC12点とを直線で結んだ線は，現況において，甲建物と乙西側建物の間隔のおおむね中間を通るとともに，乙東側建物の犬走りともおおむね平行となる。

3　本件筆界の特定

甲土地及び関係土地2と乙土地との筆界がC5点とC12点とを直線で結んだ線とすれば，本件公図上の筆界線形と合致するとともに，現地の構造物に基づく土地占有状況とも矛盾がないから，甲土地及び関係土地2と乙土地との筆界の西端点をC5点と認めることが相当である。

C5点は，本件筆界を検討する上における基線の延長線上に存する筆界点であるから，これを本件筆界の始点とすることには疑問がない。しかしながら，C5点からC12点方向への直線上には基線（基点）となる信ぴょう性のある既設境界標や構造物等が見当たらないものの，上記2(2)におけるC7点はC5点からC12点方向への直線上に位置すること，さらには本件筆界特定申請が甲土地と関係土地2との筆界の特定を求めるものではないことを考慮すれば，本件筆界の東端点については，その方向を示すにとどめることが妥当である。

以上のことから，本件筆界は，C5点を始点として，C5点とC7点とを直線で結んだ線上又はその延長線上とすることが相当である。なお，筆界特定図面においては，C5点及びC7点をH1点及びH2点とする。

第5 結　語

以上により，対象土地の筆界は，結論のとおり特定するのが相当である。
なお，筆界調査委員の意見も同旨である。

　平成〇〇年〇月〇日
　　　　　　　　　　〇〇法務局
　　　　　　　　　　　筆界特定登記官　　〇　〇　〇　〇

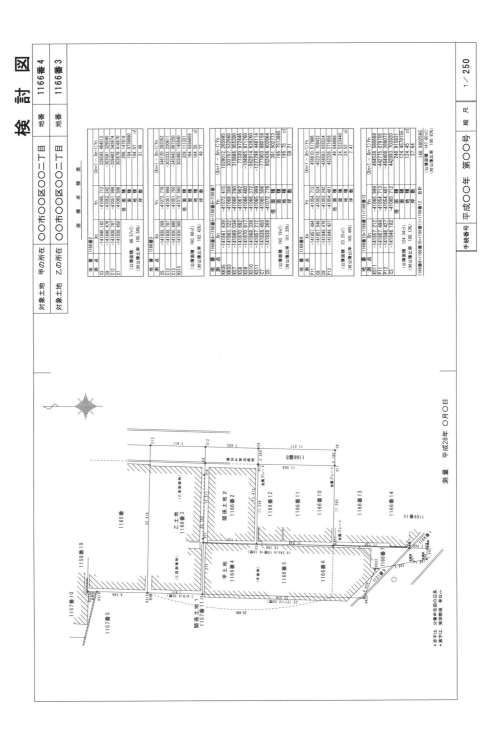

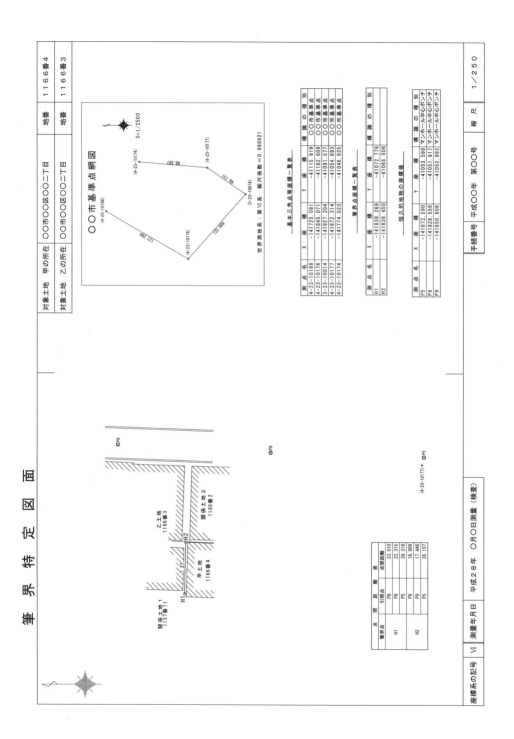

第3編

換地処分

事例 20

土地区画整理法による換地処分により創設された筆界について，区画整理に際し作成された整理確定図の数値と認定道路区域線調査図の復元による実測成果との辺長差を按分する方法により復元した事例

　本件事例における対象土地Aと対象土地Bとの筆界（以下「本件筆界」という。）は，土地区画整理法による換地処分（以下「本件区画整理」という。）により創設された筆界である。

　対象土地周辺の筆界を示す資料としては，地図に準ずる図面，本件区画整理に際して作成された整理確定図（以下「本件整理確定図」という。），市道の範囲を幅員，距離及び角度等で公示する認定道路区域線調査図（以下，「道路区域線調査図」といい，同図における道路区域線を単に「道路区域線」という。）が存在する。本件整理確定図には，対象土地を含む街区（以下，「本件街区」といい，街区の外周を「街区線」という。）の各土地の筆界辺長が「間」単位で小数点以下第2位まで表示されているほか，市道の幅員等が記載されている。

　本件街区は，市道に囲まれ，その外周には現況の街区線に相当する道路肩石，側溝等の構造物が設置されており，その設置位置は，本件整理確定図とおおむね矛盾がないといえるが，そのほとんどが本件区画整理後に設置されたものであり，その設置位置は，本件整理確定図における街区線と同一であるとまでは言い切れない。

　一方，本件整理確定図における辺長と道路区域線調査図における本件街区の道路区域線の距離とを比較したところ，その差は，不動産登記規則第10条第4項第1号の精度区分の限度内で合致する。

　そこで，本件筆界が対象土地Aの北側の筆界の一部であることから，本件整理確定図の数値と道路区域線調査図の復元による実測成果との辺長差を按分する方法により，まず，対象土地Aの北側の筆界を復元し，さらに本件筆界を復元することにより特定したものである。

筆　界　特　定　書

　　手　続　番　号　　平成〇〇年第〇〇号
　　対　象　土　地　　甲　〇〇市〇〇区〇〇二丁目12番3
　　　　　　　　　　　　（以下「甲土地」という。）
　　対　象　土　地　　乙　〇〇市〇〇区〇〇二丁目12番2
　　　　　　　　　　　　（以下「乙土地」という。）

　　　　　　　　　　　　〇〇市〇〇区〇〇二丁目19番14号
　　申　　請　　人　　株式会社　〇〇〇〇〇〇

　　申請人代理人　　土地家屋調査士　〇　〇　〇　〇

　　筆界調査委員　　〇　〇　〇　〇

　　調査補助職員　　〇　〇　〇　〇

上記対象土地について，次のとおり筆界を特定する。

結　論

甲土地と乙土地との筆界は，別紙筆界特定図面のＨ１点とＨ２点を結んだ直線であると特定する。

理由の要旨

第1　前提事実

　対象土地は，昭和39年〇月〇日，土地区画整理法による換地処分（以下「本件区画整理」という。）がされた区域であり，甲土地と乙土地との筆界（以下「本件筆界」という。）は，本件区画整理により創設された筆界である。

第2　申請人の主張

本件筆界は，筆界特定申請書添付の「現況図・精査図」（以下「申請人主張図面」という。）のY12－1点とY14点を結んだ直線上にある。

その根拠は，対象土地を含む街区（以下「本件街区」という。）は，○○市が所有し管理する道路（以下「市道」という。）に囲まれており，市道に関する道路区域・市有地境界明示図により市道と本件街区との筆界を明らかにした上，○○市に保管されている本件区画整理に際し作成された整理確定図（以下「本件整理確定図」という。）に基づき復元した結果である。

第3　現地の状況及び検討資料

1　対象土地の状況

本件街区は，平坦な住宅地であり，甲土地は露天駐車場として，乙土地は居住用建物の敷地として利用されている。

本件街区の外周には，市道の路肩石，側溝等の構造物が存在している。これらの構造物は，本件区画整理時に設置されたものとはいえず，本件区画整理後に新たに設置されたものと推認できる。

2　対象土地周辺の境界標識

申請人主張図面上のY12－1点，Y13－1点，Y15点，H85点，H86点及びH87点には金属標が設置されている。

3　対象土地周辺の筆界を示す資料

(1)　地図に準ずる図面

○○法務局○○出張所には不動産登記法第14条第4項に規定する地図に準ずる図面が備え付けられており，同図面における対象土地及び周辺土地の位置，形状及び地番配列は現況と合致する。

(2)　本件整理確定図

本件整理確定図には，本件街区内の各土地の筆界辺長が「間」単位で小数点以下第2位まで表示されているほか，本件市道の幅員，各道路基準点に係る内角等が記載されている。

(3) ○○市認定道路区域線調査図及び道路区域・市有地境界明示図

　○○市には市道の道路区域に関し，その範囲を幅員，距離及び角度等で公示する○○市認定道路区域線調査図（以下，「道路区域線調査図」といい，同図における道路区域線を単に「道路区域線」という。）が保管されている。

　また，甲土地と市道との境界については，平成25年○月○日付け○○○第○号道路区域・市有地境界明示図により確認されている。

第4　本件筆界の検討及び判断

　本件筆界の検討に当たり，申請人が提出した現況を測量したデータに道路区域線を重ね，本件街区外周（以下「街区線」という。）の本件整理確定図における各辺長及び道路区域線上の各距離並びにその実測距離を表記した別紙検討図（以下，検討図上の筆界点は点名のみ表記する。）を作成した。

1　本件街区の検証

(1) 現況における街区線に相当する道路肩石，溝等の構造物の設置位置を測量し，本件整理確定図における各辺長を比較した結果，同構造物の設置位置は，本件整理確定図とおおむね合致しているが，詳細に検証すれば，構造物のほとんどが本件区画整理後に設置されたものであり，その設置位置は，本件整理確定図における街区線と同一であるとは言い切れない。

(2) 本件整理確定図における街区線の辺長と道路区域線調査図における本件街区の道路区域線の距離とを比較したところ，その差は不動産登記規則（平成17年2月18日法務省令18号）10条4項1号の精度区分（以下「公差」という。）の限度内で合致することから，道路区域線を現地に復元し，これを街区線とすることが相当である。

2　本件筆界の復元について

　本件筆界は本件区画整理により創設された筆界であることから，本件整理確定図の数値と道路区域線調査図の復元による実測成果との辺長差の比率を配分して，本件筆界の位置を求めるのが相当であり，本件筆界が甲土地北側の筆界の一部であることから，甲土地北側の筆界を上記の方法により復元した上，さらに本件筆界を復元することとなる。

(1) 甲土地北側の筆界の復元

本件整理確定図上,甲土地北側の筆界は直線であることが認められ,その西端点は本件街区の北西角の隅切から南方へ5.46間(換算値:9.927m)の街区線上にあり,東端点は本件街区の北東角の隅切から南方へ5.04間(換算値:9.164m)の街区線上に位置する。

ア 甲土地北側の筆界の西端点

(ア) 本件整理確定図上,本件街区の北西角の隅切から南西角の隅切まで(以下「街区西側筆界」という。)の辺長は19.88間(換算値:36.145m)であるところ,道路区域線調査図により復元した本件街区西側筆界(73－2点と73－3点とを結ぶ直線)の距離は36.163mであり,道路区域線調査図上の同辺長より0.018m長い。

(イ) この差の比率を配分して求めた距離9.932m(0.018×5.46間÷19.88間＋5.46間)を73－2点から街区西側筆界上に復元した点がS1点であり,同点を甲土地北側の筆界の西端点として仮定する。

イ 甲土地北側の筆界の東端点(同点は本件筆界の東端点である。)

(ア) 本件整理確定図上,本件街区の北東角の隅切から南東角の隅切まで(以下「街区東側筆界」という。)の辺長は19.49間(換算値:35.436m)であるところ,道路区域線調査図により復元した本件街区東側筆界(73－7点と73－6点とを結ぶ直線)の距離は35.454mであり,道路区域線調査図上の同辺長より0.018m長い。

(イ) この差の比率を配分して求めた距離9.169m(0.018×5.04間÷19.49間＋5.04間)を73－7点から街区東側筆界上に復元した点がS3点であり,同点を甲土地北側の筆界の東端点として仮定する。

ウ 以上により求めた甲土地北側筆界の座標値と,申請人が主張する同筆界の座標値とを比較するとほぼ合致していると認められることから,申請人主張図面上のY12－1点とY14点とを結ぶ直線を甲土地北側筆界として,次のとおり,本件筆界について検討する。

(2) 本件筆界の西端点の復元

ア 本件整理確定図上,甲土地北側筆界の辺長が16.56間(換算値:30.109m)であるのに対し,その実測距離は30.146mであり,実測距離が0.037m長い。

イ この差の比率を配分して求めた距離7.700m(0.0369×4.23間÷16.56間

＋4.23間）をＹ14点からＹ12－1点方向に復元した点がＳ5点であり，本件筆界の西端点と推認できる。

3　面積による検証

　　上記2により復元したＹ14点，Ｓ5点，街区線上の筆界点である73－7点，73－8点及び12番11と12番1と市道との三筆交点として境界標識（金属標）が設置されているＳ6点をもって乙土地と12番1とを併せた範囲として面積について検証すると，同範囲の公簿面積の合計が91.46㎡であるのに対し，実測面積が91.69㎡となり，その差0.23㎡は公差限度内の数値であることが認められる。

4　本件筆界の特定

　　以上のことから，本件筆界は，Ｙ14点とＳ5点とを結ぶ直線であると認めるのが相当である。

　　なお，筆界特定図面においてはＹ14点をＨ1点，Ｓ5点をＨ2点として表示する。

第5　結　語

以上により，対象土地の筆界は，結論のとおり特定する。
なお，筆界調査委員の意見も同旨である。

　　平成〇〇年〇月〇日
　　　　　　　　　　〇〇法務局
　　　　　　　　　　　筆界特定登記官　〇　〇　〇　〇

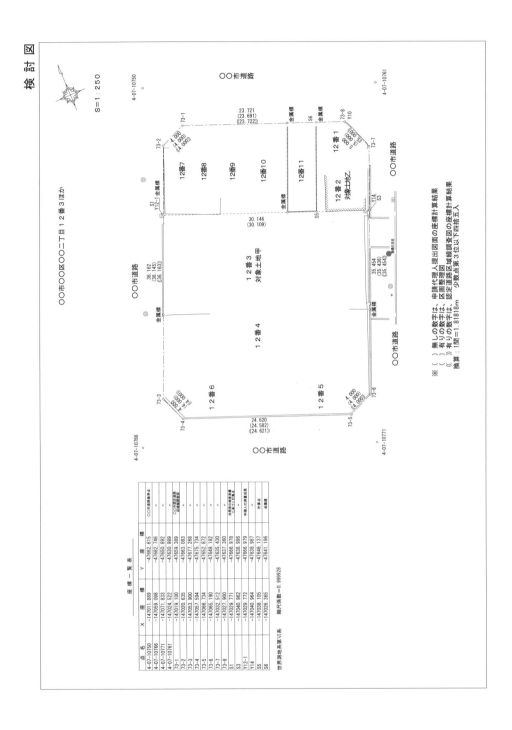

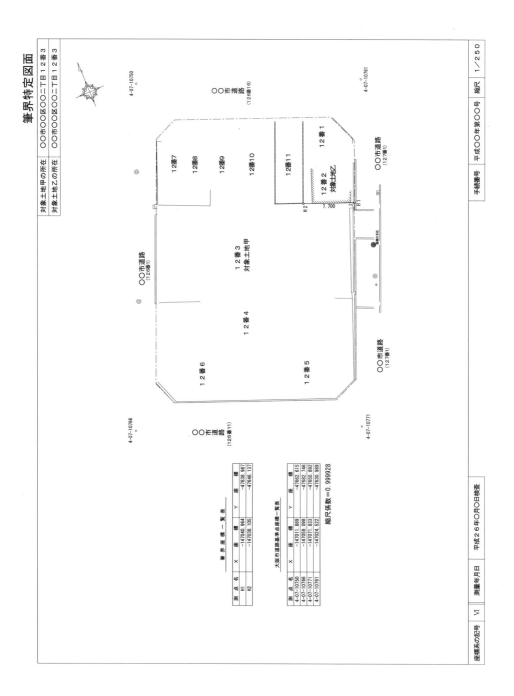

事例 21

土地区画整理法による換地処分により創設された筆界について，認定道路区域線調査図の道路区域線を基線として作成した検討図，現況構造物と地図に準ずる図面，地積測量図，市保管資料との整合性等を考慮して特定した事例

　本件は，申請人が，自己が所有する対象土地Aと関係人乙が所有する対象土地Bとの筆界（以下「本件筆界」という。）を確認する必要があったところ，関係人乙の協力が得られず，本件筆界を確認するに至らなかったため，本件筆界の特定を求めて申請された事案である。

　本件筆界は，土地区画整理事業による換地処分（以下「本件区画整理」という。）により創設された筆界であり，対象土地周辺の筆界等を示す資料としては，地図に準ずる図面，対象土地Bの分筆に係る地積測量図，本件区画整理に際して作成された整理確定図（以下「本件整理確定図」という。），市保管資料が存在する。また，本件整理確定図には，辺長等の記載はないものの，対象土地を含む街区（以下「本件街区」という。）及びその周辺には，道路と宅地を区画する複数の構造物が存在している。

　そこで，本件筆界の検討に当たっては，本件街区に係る認定道路区域線調査図の道路区域線を基線として作成した検討図を用いた上で，上記の構造物と地図に準ずる図面，地積測量図，市保管資料との整合性等を十分に考慮し本件筆界を復元して，その位置を特定したものである。

筆 界 特 定 書

手 続 番 号　　平成〇〇年第〇〇号
対 象 土 地　　甲　〇〇市〇〇区〇〇五丁目110番2
　　　　　　　　　　（以下「甲土地」という。）
　　　　　　　乙　〇〇市〇〇区〇〇五丁目114番5
　　　　　　　　　　（以下「乙土地」という。）

申　請　人　　○○市○○区○○五丁目111番24号
　　　　　　　社会福祉法人　○○○○

申請人代理人　　土地家屋調査士　○　○　○　○

筆界調査委員　　○　○　○　○

調査補助職員　　○　○　○　○

上記対象土地について，次のとおり筆界を特定する。

結　　論

甲土地と乙土地との筆界は，別紙筆界特定図面中，Ｈ１点を始点として，Ｈ１点とＨ２点とを直線で結んだ線上又は延長線上であると特定する。

理由の要旨

第1　前提事実

1　対象土地周辺は，昭和14年○月○日，○○市○○土地区画整理組合土地区画整理事業による換地処分（以下「本件区画整理」といい，本件区画整理により創設された周囲を道路に囲まれた対象土地を含む街区を「本件街区」という。）により創設された区域であり，甲土地と乙土地との筆界（以下「本件筆界」という。）は，本件区画整理により創設された原始筆界である。
2　甲土地は，申請人が，平成５年○月○日，売買を原因として所有権を取得している。
3　乙土地は，○○○○（以下「関係人乙」という。）が，昭和54年○月○日，相続を原因として所有権を取得している。
4　申請人は，本件筆界を確認する必要があるところ，関係人乙の協力が得られず，本件筆界を確認するに至らなかったとして，本件筆界の特定を求めたものである。

第2　申請人の主張

本件筆界は，本件筆界特定申請書に添付の申請書添付図（以下「申請人主張図面」という。）のK22点とK23点とを結んだ直線上である。

その根拠は，対象土地は，○○法務局○○○出張所（以下「管轄登記所」という。）に不動産登記法第14条第4項に規定する地図に準ずる図面（以下「本件公図」という。）が備え付けられ，対象土地を含む周囲の位置及び形状は現況と合致しているほか，申請人主張図面の甲土地のK20点，K21点，K23点，K22点及びK20点を順次直線で結んだ区画の面積は登記記録上の面積と誤差の範囲内であり，また，乙土地には，既提出の地積測量図が存在することから，当該地積測量図と主張線とを対比しても，誤差の範囲内で整合するとしている。

第3　対象土地等

1　対象土地付近の現況

対象土地付近は，住宅等が建ち並ぶ高低差のない平たんな土地である。

2　対象土地周辺の分筆等の経緯等

(1)　甲土地

本件区画整理により○○市○○区○○町三丁目110番2（同所は，昭和48年○月○日，行政区画変更により○○市○○区○○五丁目となり，行政区画変更前後の同所在の土地は，地番のみで表記する。）が創設

(2)　乙土地

ア　本件区画整理により114番が創設

イ　昭和45年○月○日，114番が115番を合筆

ウ　同日，114番が同番1から同番6までに分筆（以下，当該分筆を「乙土地分筆」といい，乙土地は114番5である。）

(3)　その他の土地

ア　昭和49年○月○日，114番4が同番4，同番7及び同番8に分筆

イ　昭和49年○月○日，114番7が同番7及び同番9に分筆

ウ　昭和55年○月○日，114番3が同番3及び同番10に分筆

エ　昭和57年○月○日，114番1が同番11に地番変更

オ　同日，114番2が同番12に地番変更
(4)　管轄登記所には，乙土地分筆に係る地積測量図（以下「乙土地測量図」という。），上記(3)のア，イ及びウの分筆に係る各地積測量図が保管されている。

3　甲土地の本件筆界以外の筆界
(1)　甲土地の北側筆界

　　ア　甲土地と111番3との筆界は，申請人と111番3及び同番5の所有権登記名義人との間で，申請人主張図面のK22点とK20点とを直線で結んだ線上で，平成26年○月○日付けの筆界確認書を取り交わしている。

　　イ　甲土地と111番4との筆界は，申請人と111番4の所有権登記名義人との間で，申請人主張図面のK22点とK20点とを直線で結んだ線上で，平成26年○月○日付けの筆界確認書を取り交わしている。

　　ウ　甲土地と111番6との筆界は，申請人と111番6の所有権登記名義人との間で，申請人主張図面のK22点とK20点とを直線で結んだ線上で，平成26年○月○日付けの筆界確認書を取り交わしている。

(2)　甲土地の東側筆界

　　甲土地の東側に隣接する110番6は申請人が所有しており，甲土地と110番6との筆界は，110番6が地積の更正の際に作成された地積測量図により，申請人主張図面のK20点とK21点とを直線で結んだ線と確認できる。

(3)　甲土地の南側筆界

　　甲土地と南側に隣接する○○市道との官民境界は，平成26年○月○日付け○○○第○号により，申請人主張図面のK21点とK23点とを直線で結んだ線上又は延長線上を市有地境界と確認している。

第4　本件筆界の検討

1　対象土地周辺の筆界等を示す資料
(1)　地図に準ずる図面

　　本件公図における対象土地を含む周辺土地の位置，形状及び地番配列は，現況と合致している。

(2)　区画整理確定図

○○市都市整備局には，本件区画整理により作成された縮尺2000分の1の整理確定図（以下「本件整理確定図」という。）が保管されており，本件整理確定図には，各土地の辺長は記載されていない。

2　本件街区の検証

　本件筆界は，本件区画整理により創設された筆界であり，本件整理確定図には辺長等の記載がないものの，本件街区及びその外周には，道路と宅地を区画する複数の構造物が存在するほか，本件筆界に係る資料として，本件公図，乙土地測量図，○○市保管資料が存することから，本件筆界を復元するに当たっては，現況構造物と上記各資料との整合性等を十分考慮した上で，その位置を特定するのが相当である。

　なお，本件筆界の検討に当たっては，申請人代理人提出の実測成果が良好と判断できることから，本件街区に係る○○市建設局に保管されている○○市認定道路区域線調査図の道路区域線（以下「本件道路区域線」という。）を基線として作成した別紙検討図（以下「検討図」といい，同図面の各点は符号のみ表記する。）を用いる。

(1)　本件道路区域線で囲まれた本件街区の面積は，申請人代理人提出による座標値に基づいて計算すると，4600.48㎡である。

(2)　本件街区を構成する各土地について，旧土地台帳に記載された本件区画整理後の面積を積算すると4596.28㎡であり，上記(1)の計算値で求めた本件街区の面積との較差4.20㎡は，不動産登記規則（平成17年2月18日法務省令18号）第10条第4項第1号（国土調査法施行令別表第四）の精度区分の甲2（以下「公差」という。）の範囲内である。

(3)　本件道路区域線の北側，東側及び西側は，本件街区に隣接する道路の宅地側の肩石線とおおむね合致しているほか，本件道路区域線の南側は，本件区画整理施行時に3尺（0.909m）の後退があるため，当該宅地側肩石線から南へ0.909m平行移動した位置とおおむね一致している。

(4)　本件区画整理確定図には，本件街区を南北に二等分するように点線（以下「本件街区二分線」という。）が描画されている。

　ア　本件街区二分線を基準に，本件街区を北側及び南側として，旧土地台帳に記載された本件区画整理後の各土地の面積を積算して比較すると，北側2297.48㎡，南側2298.80㎡となり，各区画の面積はほぼ同じであ

る。
　　イ　本件区画整理確定図における本件街区の南北辺長をスケールアップすると，本件街区二分線は南北間におけるおよそ中心付近にあるものと読み取ることができる。

　　　なお，前記第3の3(1)で確認されたK20点とK22点を，申請人代理人提出による座標値に基づいて計算すると，K20点は，本件道路区域線北側から18.182m，本件道路区域線南側から18.180mの位置にある。

　　　おって，K22点は，本件道路区域線北側から18.180m，本件道路区域線南側から18.179mの位置にある。

　　ウ　以上から，K20点及びK22点は，本件街区の南北間における中心付近に位置し，本件道路区域線は，本件区画整理図と整合していると認めることが相当である。

3　乙土地測量図の検証

(1)　K57点とK56点とを直線で結んだ線は，当該直線付近に設置されたコンクリートブロック塀の西面付近となり，占有状況とも整合することから，乙土地測量図の14番4の西側筆界と仮定した上で，検討図のとおり，当該直線等に基づき，乙土地測量図を①ないし③の3つの区画に分けて検証する。

(2)　本件道路区域線の西側区域線を検討図の①区画の西側筆界，また，本件道路区域線の南側区域線を検討図の③区画の南側筆界と仮定し，当該区画の実測による距離と乙土地測量図の相応する各筆界の辺長とを比較すると，①及び②区画の北側筆界と乙土地測量図の相応する筆界の辺長はほぼ一致する。

(3)　上記(2)と同様に，検討図の3つの区画の各面積と相応する登記記録上の面積の合計とを比較すると，その較差は公差の範囲内である。

(4)　K17点は，前記第3の3(1)で確認されたK20点とK22点を結んだ直線を西方向に延長した線と本件道路区域線の西側区域線との交点である。

(5)　乙土地分筆は，本件街区の南側に位置する14番を分筆したものであり，本件街区二分線を移動させるものではなく，乙土地測量図に描画された114番5，同番4及び同番11の北側筆界は，本件街区二分線に相当することから，K17点，K57点及びK22点を直線で結んだ線は，上記(1)ないし(4)

により本件区画整理図と整合することが認められる。
(6) K22点とK55点とを直線で結んだ線を本件筆界と仮定すると，当該直線付近にコンクリートで施工されたいわゆるたたき（以下「本件たたき」という。）が設置されており，本件たたきは，甲土地上建物の屋根の軒先の位置等から筆界を示す構造物として自然な位置にある。

4 本件筆界の特定

以上のことから，本件筆界に相応するK22点とK55点とを直線で結んだ線は，乙土地測量図及び現況とも整合し，本件整理確定図に矛盾しないものであるところ，本件申請が甲土地と関係土地との筆界を求めるものではないことから，K22点を始点として，K22点とK55点とを直線で結んだ線上又は延長線上とするのが相当である。

なお，検討図のK22点及びK55点は，筆界特定図面のH1点及びH2点とする。

第5 結 語

以上により，対象土地の筆界は，結論のとおり特定するのが相当である。
なお，筆界調査委員の意見も同旨である。

平成○○年○月○日
　　　　　　○○法務局
　　　　　　　筆界特定登記官　○　○　○　○

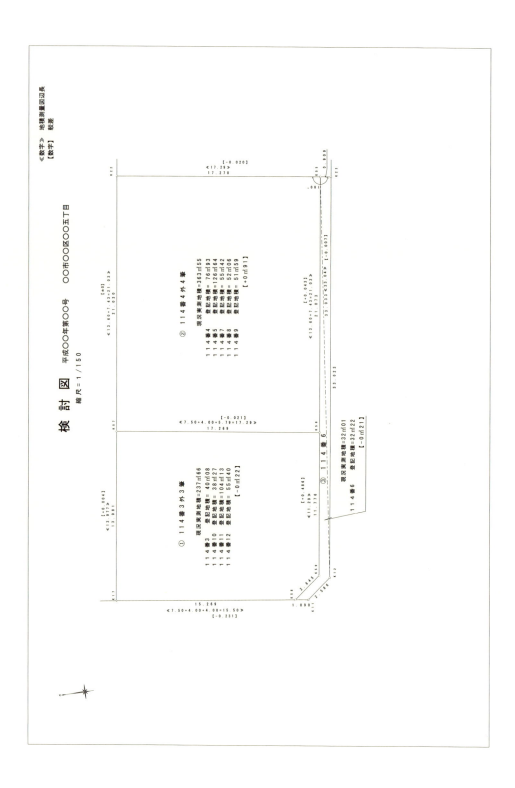

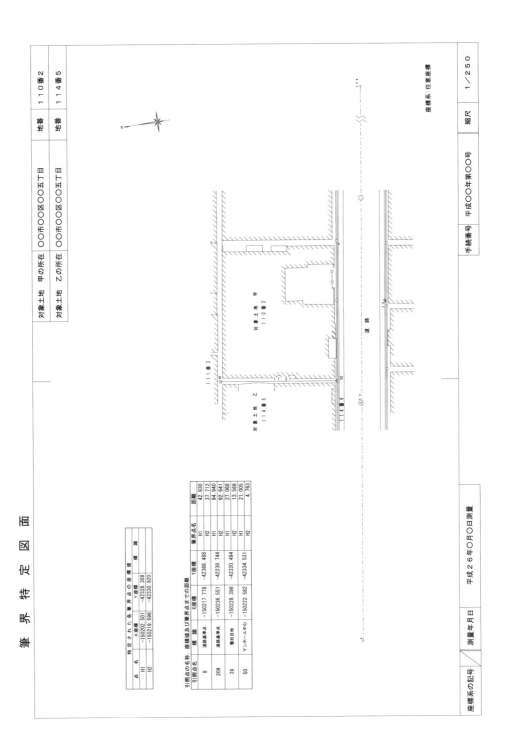

事例 22

土地区画整理法による換地処分により創設された筆界について，換地処分に際し作成された整理確定図及び認定道路区域線調査図を比較して復元した換地処分時の街区を基に，整理確定図を検証して特定した事例

　本件は，申請人が所有する対象土地Aを売却するに当たり，関係人乙が所有する対象土地Bとの筆界（以下「本件筆界」という。）を確認する必要があったところ，関係人乙の協力が得られず，本件筆界を確認することができないとして，本件筆界の特定を求めて申請された事案である。

　本件筆界は，土地区画整理事業による換地処分（以下「本件換地処分」という。）により創設された筆界であり，対象土地周辺の筆界等を示す資料としては，地図に準ずる図面，本件換地処分により作成された整理確定図（以下「本件確定図」という。）が存在する。本件確定図には，対象土地を含む本件換地処分により創設された街区（以下「本件街区」という。）内の各土地の筆界辺長が「間」単位で小数点以下第1位ないし第3位まで表示されているほか，本件街区を取り囲む市道（以下「本件道路」という。）の幅員等が記載されている。また，市によって，本件街区と本件道路との間の道路区域線の辺長及び道路区域線間の内角等が表記された認定道路区域線調査図（以下「道路区域線調査図」という。）が保管されており，本件街区の外周筆界点及び本件道路の中心点の世界測地系の座標値が管理されている。

　そこで，本件確定図における本件街区の外周筆界と道路区域線調査図における本件街区の道路区域線の各辺長を比較した結果，その差は，不動産登記規則第10条第4項第1号の精度区分の範囲内にあることが認められたことから，道路区域線調査図における本件街区の道路区域線を本件確定図における本件街区の外周筆界として復元した後，復元した本件街区の外周筆界（以下「復元街区線」という。）を基に，本件確定図に記載された本件街区の各筆界辺長と復元街区線における各筆界辺長との間に生じている辺長差を按分する方法により，本件筆界の位置を特定したものである。

筆 界 特 定 書

手 続 番 号　　平成○○年第○○号
対 象 土 地　　甲　○○市○○区○○八丁目145番1
　　　　　　　　　　（以下「甲土地」という。）
　　　　　　　　乙　○○市○○区○○八丁目141番1
　　　　　　　　　　（以下「乙土地」という。）

申　請　人　　○○市○○区○○六丁目12番2－○○号
　　　　　　　　○　○　○　○
特定承継人　　○○府○○市○○町112番18号○○○○○○○○社宅○○号
　　　　　　　　○　○　○　○
特定承継人代理人　土地家屋調査士　○　○　○　○

筆界調査委員　　○　○　○　○
調査補助職員　　○　○　○　○

上記対象土地について，次のとおり筆界を特定する。

結　論

甲土地と乙土地との筆界は，別紙筆界特定図面のH1点とH2点を直線で結んだ線であると特定する。

理由の要旨

第1　前提事実

1　対象土地及びその周辺土地は，昭和28年○月○日，土地区画整理法による換地処分（以下「本件換地処分」という。）が施行された地域である。
2　申請人は，平成16年○月○日，相続により甲土地の所有権を取得してい

る。なお，甲土地の所有権は，平成27年○月○日，売買により特定承継人に移転し，同年○月○日，同人は申請人の地位を承継する旨の申出をしている。
3　乙土地の所有権登記名義人は，○○○○（以下「乙地関係人」という。）である。
4　申請人は，甲土地の売却に当たり，甲土地と乙土地との筆界を確認する必要があるところ，乙地関係人の協力を得ることができず，本件筆界を確認することができないとして，その特定を求めたものである。

第2　申請人の意見

　本件筆界は，本件筆界特定申請書添付の筆界特定申請現況図のP2点とP20点を結ぶ直線である。
　その根拠は，本件換地処分により作成された図面（以下「本件確定図」という。）並びに対象土地周辺の土地についての地積測量図及び既存の境界標を基に検討した結果が，上記主張線である本件筆界付近に設置されている申請人所有のコンクリートブロック塀の西面とほぼ合致することよる。

第3　対象土地等

1　対象土地付近の状況について
(1)　対象土地を含む本件換地処分により形成された○○市○○区○○町四丁目141番から147番の街区（以下「本件街区」という。なお，対象土地周辺は，昭和49年○月○日，○○市○○区○○町四丁目が同市○○区○○八丁目に町名変更されている（以下，同所に所在する土地については，町名変更前後を問わず，地番のみで表記し，また，本件換地処分時の土地については「元○番」と表記する。）。）は，平たんな住宅地である。
(2)　本件街区は，○○市が所有・管理する道路（以下「本件道路」という。）に囲まれている。
(3)　甲土地は更地で，乙土地は露天駐車場として利用されている。
(4)　本件筆界付近に，申請人が所有するコンクリートブロック塀が南北方向へ直線状に設置されている。また，同ブロック塀の西側には，同ブロック塀とほぼ隙間なく平行に，乙地関係人が所有するコンクリートブロック塀が直線状に設置されている。

2 対象土地等の沿革及び分筆の経緯について

対象土地周辺に係る本件換地処分後の分筆の経緯は，以下のとおりである。

(1) 昭和52年○月○日，145番が同番1から同番3までに分筆
(2) 昭和54年○月○日，141番が同番1から同番4までに分筆
(3) 昭和54年○月○日，141番1が同番1（乙土地），同番5及び同番6に分筆
(4) 平成27年○月○日，145番1が同番1（甲土地）及び同番4から同番7までに分筆

なお，○○法務局○○出張所（以下「管轄登記所」という。）には，上記(1)から(4)に関する地積測量図が備え付けられている。

3 本件筆界形成の経緯について

上記2のとおり，本件筆界に係る分筆，合筆等の経緯がないことから，本件筆界は本件換地処分により創設された筆界である。

4 対象土地周辺の筆界を示す資料

(1) 地図に準ずる図面

管轄登記所には，不動産登記法第14条第4項に規定する地図に準ずる図面が備え付けられており，同図面における対象土地周辺の土地の位置，形状及び地番配列は現況と合致する。

(2) 本件換地処分に係る図面

○○土地家屋調査士会には，本件換地処分により作成された本件確定図が保管されている。同図面には，本件換地処分で創設された本件街区内の各土地の筆界辺長が「間」単位，小数点以下第1位ないし第3位まで表記されているほか，本件道路の幅員，本件道路中心点に係る内角，同中心点の点間距離等が表記されている。

(3) 本件道路に係る図面

ア ○○市には，本件道路と本件街区との間の道路区域線の辺長及び道路区域線間の内角等を表記している○○市認定道路区域線調査図（以下「道路区域線調査図」という。）が保管されており，本件街区の外周筆界点及び本件道路の中心点については，世界測地系の座標値により管理されてい

イ 甲土地と本件道路との官民境界については，平成27年○月○日付け○○○第○号道路区域・市有地境界明示図が保管されている。

第4 本件筆界の検討及び判断

本件筆界は，本件換地処分により創設された筆界であることから，本件確定図及び道路区域線調査図を比較して，本件換地処分時の本件街区を復元した後，復元した本件街区を基に，本件確定図を検証し，本件筆界を検討するのが相当である。

なお，以下の検討は，○○市が保管する本件街区の外周筆界点及び本件道路の中心点の座標値を点検し，道路区域線調査図に基づき作成した別紙検討図により検証する（以下，同図面の各点は点名のみを表記する。）。

1 本件街区の検証

本件確定図における本件街区の外周筆界と道路区域線調査図における世界測地系により管理された本件街区の道路区域線の各辺長を比較した結果，その差は不動産登記規則（平成17年2月18日法務省令18号）第10条第4項第1号の精度区分甲2の範囲内にあることが認められることから，道路区域線調査図における本件街区の道路区域線（以下「復元街区線」という。）をもって，本件換地処分により形成された本件確定図の本件街区の外周筆界とするのが相当である。

ただし，比較するに当たっては，本件換地処分時の元145番の南側筆界の辺長について，本件確定図における表記が不明瞭であったため，本件街区の南側道路の道路中心線の距離を基に検証した結果，11.0間と表記されていると判断した。

2 本件筆界の復元

本件筆界は，本件換地処分により創設された筆界であるが，前記第3の4(2)のとおり，本件確定図の数値は「間」単位，小数点以下第1位ないしは第3位まで記載されているところ，当該数値をメートル単位に換算する際の誤差や測量誤差等を勘案すると，本件確定図に記載された本件街区の各筆界辺

長に，復元街区線における各筆界辺長との間に生じている辺長差の比率を按分して，その位置を求めるのが相当である。

(1) 本件筆界の北端点の復元

本件街区の北側筆界（77-1点から77-8点まで）の辺長について，復元街区線と本件確定図を比較すると，復元街区線の103.209mに対し，本件確定図は56.771間（103.220m）であり，本件確定図記載の辺長を1とした場合の比率は1：0.999893となる。

そこで，別紙辺長差按分表（以下「別表」という。）のとおり，上記比率を本件確定図記載の辺長に乗じて求めた点が検討図のK2点であり，本件筆界の北端点となる。

(2) 本件筆界の南端点の復元

本件街区の南側筆界（77-4点から77-5点まで）について，上記と同様に別表に従い求めたK11点が元145番南西角の筆界点である。

さらに，元141番，元143番及び元145番の三筆交点について，元141番及び元143番の本件確定図記載の東側筆界辺長により，K2点とK11点とを結んだ線を同様に別表に従い求めた筆界点がK16点であり，本件筆界の南端点となる。

3 本件筆界の特定

以上のことから，本件筆界は，検討図のK2点とK16点を直線で結んだ線であると認められる。

なお，K2点及びK16点を，筆界特定図面においては，H1点及びH2点とする。

第5 結 語

以上により，対象土地の筆界は，結論のとおり特定する。

なお，筆界調査委員の意見も同旨である。

平成○○年○月○日
　　　　　　　　　　　○○法務局
　　　　　　　　　　　筆界特定登記官　○　○　○　○

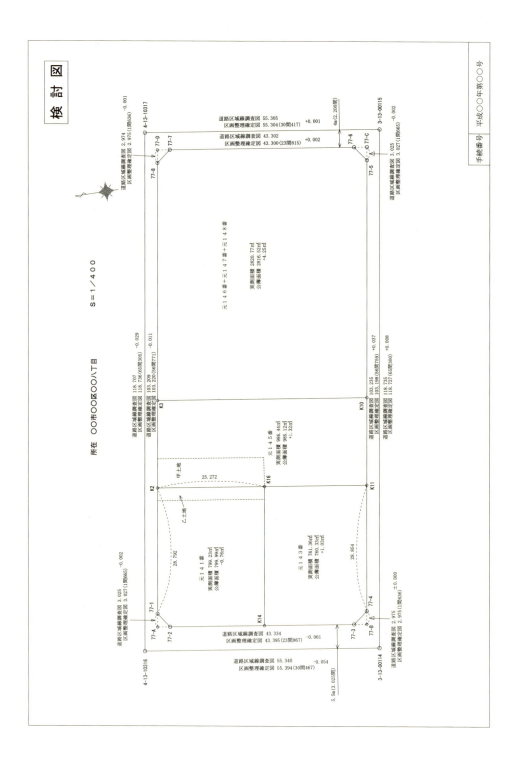

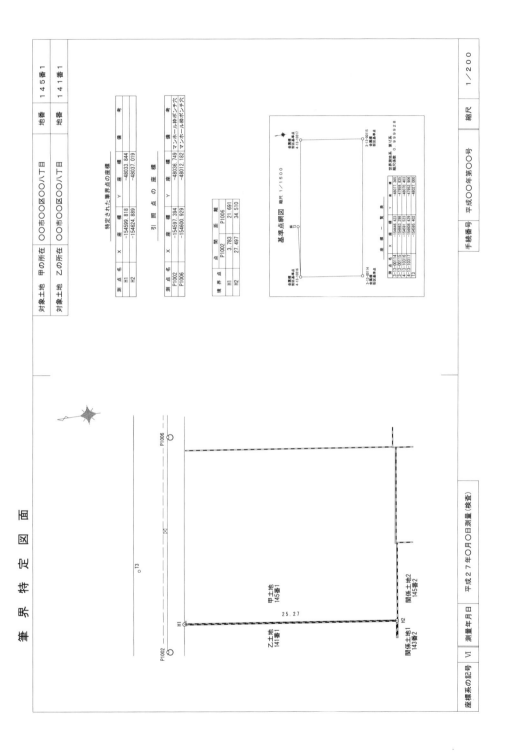

筆界特定事例集3　　　　　定価：本体2,600円（税別）

平成29年9月26日　初版発行

編著者　　大阪法務局不動産登記部門
　　　　　地図整備・筆界特定室

発行者　　尾　中　哲　夫

発行所　　日本加除出版株式会社
本　社　郵便番号 171-8516
　　　　東京都豊島区南長崎3丁目16番6号
　　　　ＴＥＬ　（03）3953-5757（代表）
　　　　　　　　（03）3952-5759（編集）
　　　　ＦＡＸ　（03）3953-5772
　　　　ＵＲＬ　http://www.kajo.co.jp/
営業部　郵便番号 171-8516
　　　　東京都豊島区南長崎3丁目16番6号
　　　　ＴＥＬ　（03）3953-5642
　　　　ＦＡＸ　（03）3953-2061

組版・印刷・製本　㈱倉田印刷

落丁本・乱丁本は本社でお取替えいたします。
© 2017
Printed in Japan
ISBN978-4-8178-4430-9 C2032 ¥2600E

JCOPY 〈出版者著作権管理機構 委託出版物〉

本書を無断で複写複製（電子化を含む）することは，著作権法上の例外を除き，禁じられています。複写される場合は，そのつど事前に出版者著作権管理機構（JCOPY）の許諾を得てください。
また本書を代行業者等の第三者に依頼してスキャンやデジタル化することは，たとえ個人や家庭内での利用であっても一切認められておりません。

〈JCOPY〉　ＨＰ：http://www.jcopy.or.jp/，e-mail：info@jcopy.or.jp
電話：03-3513-6969，FAX：03-3513-6979

筆界特定事例集 1・2

東京法務局不動産登記部門地図整備・筆界特定室 編著

- 筆界特定登記官の実務に関するプロセス・留意点がわかる。
- 「申請人及び関係人の主張及び根拠～筆界の検討～結論」に至る実務の流れを紹介。第1巻では、制度運用開始から5年間に蓄積された厳選24事例を、第2巻では、複雑な事案に対応するための新たな15事例を収録。

(1) 2010年11月刊 B5判 284頁 本体2,800円+税 978-4-8178-3896-4 商品番号：40415 略号：筆例集
(2) 2014年2月刊 B5判 340頁 本体3,400円+税 978-4-8178-4137-7 商品番号：40538 略号：筆例集2

Q&A 筆界特定のための公図・旧土地台帳の知識

大唐正秀 著　2013年5月刊 B5判 224頁 本体2,400円+税 978-4-8178-4081-3 商品番号：40506 略号：公図

Q&A 表示に関する登記の実務 特別編
筆界特定制度　一問一答と事例解説

筆界特定実務研究会 編著　2008年1月刊 A5判 672頁 本体5,600円+税 978-4-8178-3778-3 商品番号：49086 略号：表実特

事例解説　境界紛争　～解決への道しるべ～

大阪土地家屋調査士会「境界問題相談センターおおさか」編
2016年4月刊 A5判 240頁 本体2,300円+税 978-4-8178-4295-4 商品番号：40620 略号：事境

境界の理論と実務

寶金敏明 著　2009年4月刊 A5判上製 608頁 本体5,700円+税 978-4-8178-3815-5 商品番号：40310 略号：境理

改訂　表示登記添付情報作成の実務
地積測量図・調査報告情報

國吉正和 監修　内野篤 著
2016年11月刊 B5判 304頁 本体3,200円+税 978-4-8178-4347-0 商品番号：40441 略号：添付情報

Q&A 隣地・隣家に関する法律と実務
相隣・建築・私道・時効・筆界・空き家

末光祐一 著　2016年7月刊 A5判 440頁 本体4,100円+税 978-4-8178-4322-7 商品番号：40636 略号：隣実

3訂版　表示登記にかかる
各種図面・地図の作成と訂正の事例集

河瀬敏雄・筒井英行 著　2013年4月刊 A5判 272頁 本体2,600円+税 978-4-8178-4074-5 商品番号：40102 略号：表各

日本加除出版

〒171-8516　東京都豊島区南長崎3丁目16番6号
TEL (03)3953-5642　FAX (03)3953-2061 （営業部）
http://www.kajo.co.jp/